小红书

账号运营、爆款打造、高效种草与直播带货一本通

袁丁丁◎编著

中国铁道出版社有限公司

CHINA RAILWAY PUBLISHING HOUSE CO., LTD.

内容简介

本书是一本小红书攻略的书籍，全书从账号运营、爆款打造、高效种草和直播带货四个方面展开，帮助广大小红书博主快速了解小红书运营、种草、直播内容。

全书共 10 章，详细介绍了很多具有学习和借鉴意义的运营方法、种草技巧和直播转化获利等内容，包括平台介绍、账号打造、选题策划、封面设计、营销种草、引流转化、直播预热、直播带货、数据复盘，教你引爆创意。

本书适合小红书运营人员、小红书博主、入驻小红书的企业和商家、品牌广告主及相关机构，也可作为新媒体平台运营人员学习教材，帮助大家更加顺利地在小红书平台上深耕内容、运营社区、打通电商领域，和小红书一起成长。

图书在版编目（CIP）数据

小红书账号运营、爆款打造、高效种草与直播带货
一本通 / 袁丁丁编著 . — 北京 : 中国铁道出版社有限公
司，2023.10
ISBN 978-7-113-30510-9

Ⅰ.①小…　Ⅱ.①袁…　Ⅲ.①网络营销　Ⅳ.① F713.365.2

中国国家版本馆 CIP 数据核字（2023）第 161660 号

书　　名：小红书账号运营、爆款打造、高效种草与直播带货一本通
　　　　　XIAOHONGSHU ZHANGHAO YUNYING BAOKUAN DAZAO GAOXIAO ZHONGCAO
　　　　　YU ZHIBO DAIHUO YIBENTONG

作　　者：袁丁丁

责任编辑：张亚慧　　　编辑部电话：（010）51873035　　　电子邮箱：lampard@vip.163.com
封面设计：宿　萌
责任校对：苗　丹
责任印制：赵星辰

出版发行：中国铁道出版社有限公司（100054，北京市西城区右安门西街 8 号）
网　　址：http://www.tdpress.com
印　　刷：北京盛通印刷股份有限公司
版　　次：2023 年 10 月第 1 版　2023 年 10 月第 1 次印刷
开　　本：710 mm×1 000 mm 1/16　印张：14.25　字数：240 千
书　　号：ISBN 978-7-113-30510-9
定　　价：69.00 元

前　言

　　小红书平台可以说是目前最大的种草平台，也是能够帮助商家、品牌主提高品牌知名度、曝光量等的社交电商平台。

　　根据小红书相关数据，小红书平台中的月活跃用户已经超过 2 亿。平台中的"90 后"用户占大多数，有一半的用户分布在一、二线城市。近年来，在小红书平台中，男性用户也在不断增加。

　　从 2013 年至今，小红书在不断地发展完善之中，也一直在吸引更多的用户。那么，为什么越来越多的用户喜爱小红书呢？为什么越来越多的品牌主、商家都选择小红书呢？个人认为主要有以下几点原因：

　　（1）宣传效果好

　　与其他平台相比，小红书平台宣传的效果更好，主要是因为在小红书上宣传种草不会引起用户太大的反感，毕竟小红书本来就是一个社区分享类平台。

　　（2）更具生活性

　　小红书平台中的种草营销笔记相对来说更具有生活气息，也更贴近生活场景，都是通过分享的形式去推广，更能刺激用户的购买欲望。

　　（3）更真实

　　不管是种草的数据，还是图文笔记的质量都更加真实，更能够让用户相信，因此，引导用户购买，效果也会更好。

　　小红书作为一个分享生活方式的平台和帮助用户"种 / 拔草"产品的决策入口，不管是想进行产品及品牌宣传的商家企业，还是想运营好小红书账号成为一个粉丝众多的个人博主，都可以在小红书中实现。

　　品牌主要想入驻小红书，博主想要借助小红书吸粉引流、实现转化获利，那么就需要掌握好小红书运营的相关技巧。因此，本书从小红书的账号运营、爆款打造、高效种草和直播带货等四个角度出发，帮助大家快速掌握小红书运营技巧，零基础玩转小红书。

第 1~2 章为读者详细介绍了小红书平台及账号打造方法，帮助读者做好运营前的准备；第 3~5 章主要向读者介绍爆款打造的技巧，包括选题策划、文案撰写、封面设计；第 6~7 章为营销种草和引流转化，让读者通过营销种草吸引更多的精准用户，实现流量转化获利；第 8~10 章为直播带货部分，主要包括直播前期预热、直播带货和数据复盘，助力读者的每一场直播。

本书内容由浅入深，详细地为读者介绍了小红书的方方面面，从平台介绍到直播带货，从账号运营到流量转化，无论是商家、企业还是个人博主，都能在本书中找到需要的、实用的内容。

特别提示：本书是基于当前小红书平台所截取的实际操作图片，但书从写作到出版需要一段时间，在这段时间里，软件界面与功能可能会有调整与变化，比如有的内容删除了，有的内容增加了，这是软件开发商所做的软件更新，请在阅读时根据书中的思路，举一反三，进行学习。

本书由袁丁丁编著。由于作者水平有限，书中难免有疏漏之处，恳请广大读者批评、指正，联系微信：2633228153。

编　者

2023 年 7 月

目 录

第1章　初步了解小红书App　　　1

随着互联网的快速发展，各种短视频平台、电商平台不断涌现。虽然电商平台层出不穷，但是真正留存下来的却很少。小红书是近年来发展比较好的平台之一，了解其具体情况，能够更好地帮助我们运营小红书账号。

第2章 打造超高人气账号 23

要想打造一个超高人气的账号，需要博主做好账号运营，因为只有做好了账号运营，才能吸引更多的用户关注该账号。本章便从三个方面来介绍如何打造一个超高人气账号。

第3章 策划吸睛爆款选题 45

一个项目在立项之前往往需要确定一个方向，在采编方面我们可以称之为选题计划，而在小红书运营方面可以称之为选题策划。选择并策划出一个满足用户需求的选题，可以使你发布的笔记更快积累到人气。

第 4 章　撰写标题文案秘诀　75

一个好的标题能够吸引更多的用户点击你的笔记，增加笔记的阅读量，而一个好的文案也可以帮助你留存更多的用户。因此，在运营一个小红书账号时，需要掌握一定的标题文案撰写技巧。

第5章　设计高颜值的封面　　107

用户一开始看到的，除了标题便是封面，而且封面的比重更大，所以，一个好的封面比一个好的标题更能吸引用户点击。本章便来看一下设计高颜值封面的具体情况。

第6章   利用营销高效种草   125

小红书作为社交型电商平台，强调真实的经验分享，用户将自己的经验分享出来其实也是一种隐性的营销方式，并且这种方式往往能够达到意想不到的效果。利用小红书营销，往往能够更高效地达到种草的目的。

第7章   引流转化获利技巧   137

虽然小红书一开始只是一个社区类的种草平台，但是现如今，其商业潜力已经突破了我们的想象。博主掌握一定的技巧，也能在小红书平台上赚取一定的收益。

第8章 做好直播前期预热 153

相比于其他电商平台，小红书社区直播板块的开设在时间上更晚一点，但依托其充足的流量和以消费欲望强烈的年轻女性为主的用户群体，品牌主、博主在小红书社区中进行直播，对商品的销售、口碑的营销等会起到长足的作用。

8.1 明晰开播必备技巧 154

第 **9** 章　带你玩转直播带货　175

在当今的大环境下，直播已经成为一种流行趋势，直播功能也成为各大平台必不可少的功能。与其他平台相比，小红书直播功能出现得比较晚，但是博主也可以利用其进行带货。

博主在运营账号时一定会关注自己的数据情况,但是小红书平台上的数据是有限的,只有一些基础数据,这时就需要借助第三方工具进行复盘。本章便来看一下借助第三方工具进行复盘的相关情况。

第1章
初步了解小红书App

随着互联网的快速发展，各种短视频平台、电商平台不断涌现。虽然电商平台层出不穷，但是真正留存下来的却很少。小红书是近年来发展比较好的平台之一，了解其具体情况，能够更好地帮助我们运营小红书账号。

1.1 初识小红书的基本概况

从 2013 年到现在，小红书从最开始的 PDF 文件到 PC 端攻略，再到现在的 UGC（User Generated Content，用户原创内容）移动端的社区 App，其随着外部环境变化，并根据自身的内容情况，不断地调整自己的商业战略发展。

除了不断改变自己的商业模式，小红书还致力于打造一个有着"分享"精神，且充满着"美好"、"真实"与"多元"的社区，无论是产品的发展还是商业模式的变化，小红书都不以牺牲用户的体验为代价。本节便来看一下小红书的基本概况，了解其发展的具体情况。

1.1.1 小红书的发展历程

小红书的创始人在接受媒体的采访时说过："未来小红书也许不会再是现在的样子，但它一定会取得成功。"如今，小红书已经走过了许多个春秋，成为近几年新崛起的明星互联网平台之一。

不管小红书怎么发展，其一直都在关注着市场的变化，不断地改变发展战略，以便能够更好地服务用户。从 2013 年到现在，小红书共经历了以下三个发展历程。

1. 小红书 1.0

早期，在海外购物信息分享方面还是空白的时候，大多依靠大家口耳相传，并没有相关的平台，因此，小红书的两位创始人便抓住了这个风口，在上海创办了小红书。刚开始时，小红书的产品形态还是一份 PDF 文件，其名字为《小红书你的随身出境购物攻略》，如图 1-1 所示。

但是，2013 年，大家的目光开始走向移动互联网，PC 互联网逐渐被移动互联网取代，几乎所有的互联网企业都开始加速了移动互联网方面的布局。基于这一市场情况，两位创始人也迅速做出了调整。在当年圣诞节前夕，两位创始人带领团队上线了主打海外购物分享的小红书 App。

在小红书 App 上，用户可以尽情地分享自己的境外购物心得，其中包括产品的详细信息，如产品的品牌、价格、购买地点和使用心得等。

在此期间，两位创始人还做了一个重要的决策，那便是使用了 UGC 的内容生产模式。图 1-2 所示为 UGC 的三个核心要素。

图 1-1　小红书 PDF 文件

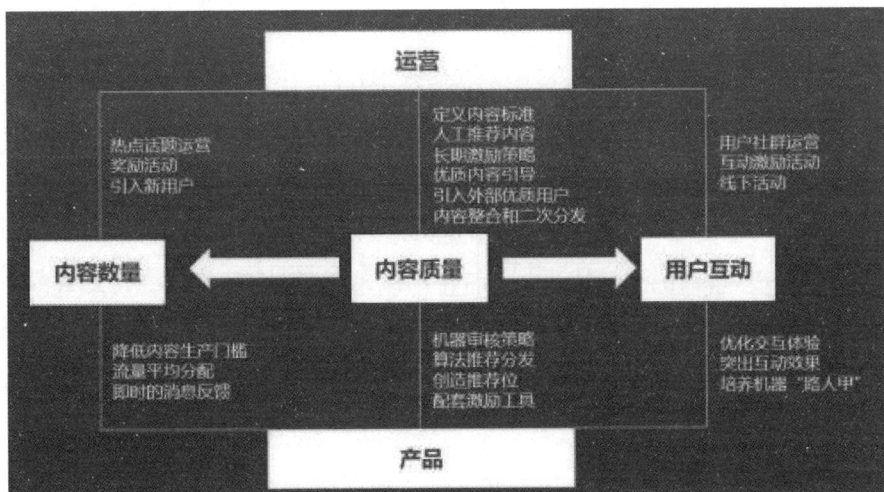

图 1-2　UGC 的三个核心要素

UGC 可以说是小红书发展中一个重要的产品决策，其使得小红书平台的发展过程中始终贯穿"分享美好"这一理念。

小红书在发布 PDF 版本和上线手机 App 时都赶上了高峰节点，一个是国庆假期，一个是圣诞节，这两个节日为小红书平台积累了第一批用户，也打开了一定的市场。到 2014 年春节，又有许多人出境旅游，而他们在应用商店里搜索海外购物相关软件的时候，小红书便会出现。

就这样，三个节日过去，小红书成功地积累了许多用户。而且在 2014 年春节期间，不用任何推广，小红书就凭着精准的市场定位和差异化的内容，迎来了第一次用户的爆发式增长。

随之而来的还有社区里其他内容的增加。小红书最开始是做海外购物信息分享的，但随着用户数量的增长，旅游类、美食类的内容也在逐渐增加。这也使得两位创始人要考虑是否要将海外购物延展到其他品类，是否要在平台中引入代购。

最终，两位创始人认为，现在的小红书仍处在发展的初期，应该将平台聚焦于内容和品牌。因此，小红书在这一阶段仍然只做海外购物类的内容。并且小红书平台要求社区的用户必须是"真实"的消费者，不允许代购的加入。为此，小红书还特意设计了一个系统，将不相关的信息隐藏起来。

2. 小红书 2.0

做"真实"用户的购物分享，让小红书中用户分享的内容更加真实、精准，因此小红书成为专业的海外购物分享社区，并在行业内声名鹊起，越来越多的用户被吸引进了小红书。

但是，当时的小红书只能看却不能买，因此，小红书成了用户在海外、线下门店及其他电商平台消费决策的重要参考平台。

鉴于小红书流量众多，很多企业都想在小红书社区中投放广告，但是小红书并没有打开广告的口子，而是选择了更为艰难却符合用户需求的路——电商。

当时，跨境电商也是一个风口，抓住跨境电商的机遇，也能更好地促进平台的发展，而且小红书本身就是从海外购物信息分享发展起来的。因此，小红书在App 内为用户提供了跨境电商的服务，相关团队可以根据社区内笔记的相关数据进行精准选品，从而完成用户从发现产品到购买产品的体验闭环。图 1-3 所示为早期的跨境电商模式。

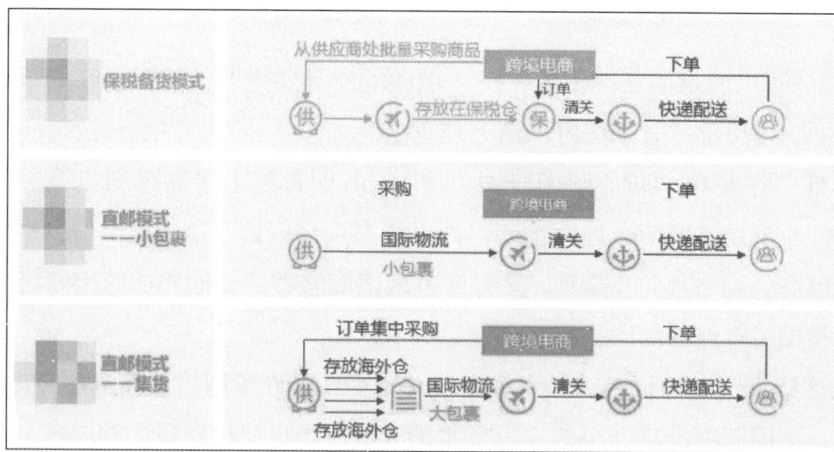

图 1-3　早期的跨境电商模式

小红书开通了跨境电商的模式，找到了商业化转化的道路。并且小红书凭借庞大规模的优质流量及产品的正品保障，在 2015 年获得了腾讯、元生资本等投资人的青睐。

小红书在开创初期专注于海外购物信息分享，目的是聚焦内容和品牌，进而吸引更加精准的用户，并给用户带来一个专业的印象，但在做好海外购物信息分享后，便可以筹谋更大的空间。

根据市场需求，小红书开始延伸内容，从海外购物分享延伸到美食、旅游、学习、育儿等各类生活方式的分享，并引进算法推荐机制，使得小红书从一个海外购物分享的平台，转变成一个吸引众多年轻人的生活分享平台及消费决策平台。

小红书还吸引了众多明星入驻，如图 1-4 所示。因此，2018 年，小红书实现了用户的新一轮爆发式增长。此外，小红书还赞助了众多的综艺节目，进一步扩大了小红书的知名度，如图 1-5 所示。

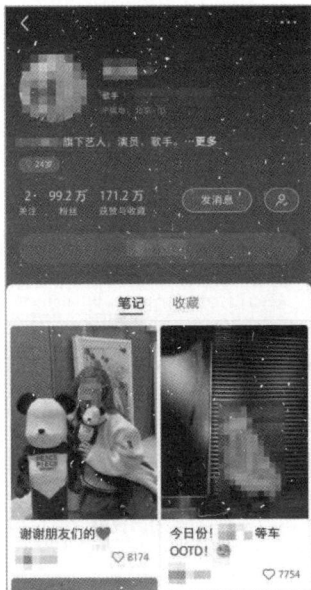

图 1-4　明星入驻小红书　　　图 1-5　小红书赞助的综艺节目

与此同时，小红书还在这一阶段实现了向综合电商的转变，通过引进国内的一些知名品牌及第三方商家，形成了自营与平台相结合的电商模式。这种模式一方面增加了产品的种类，另一方面也降低了因自营而造成的囤货风险。

3. 小红书 3.0

到了 2018 年，小红书的用户数量已经超过 1.5 亿人，并且完成了数轮融资，公司估值也已经超过 30 亿美元，因此，小红书开始了社区商业化的探索。同年 12 月，小红书上线了品牌合作人平台，该平台是为了方便品牌与小红书博主之间的联系，如图 1-6 所示。

图 1-6　小红书品牌合作人平台

此外，2018 年，小红书还在上海开办了两家线下商店，并参加了首届中国国际进口博览会，成为上海交易团成员之一。

2019 年年初，小红书的用户数量突破了 2 亿人。并且在年初的时候，小红书便开始进行新一轮的组织升级，目的是更好地匹配小红书在广告语整合营销服务领域的战略进化。同年 11 月，小红书制订并推出了"创作者 123"计划，该计划提供了品牌合作平台、好物推荐平台和互动直播三大平台，从创作者中心、活动、产品三个方面来助力创作者。

2020 年年初，小红书软件上线了创作中心。用户在小红书"我"界面中点击≡图标，在菜单栏中便可以找到"创作中心"按钮，点击它便可以进入"创作中心"界面，如图 1-7 所示。

2021 年 4 月，为了更好地规范小红书平台，保障平台的长久发展，小红书发布了《社区公约》。《社区公约》主要用于规范社区用户的行为，从 2021 年 4 月 12 日开始生效，如图 1-8 所示。

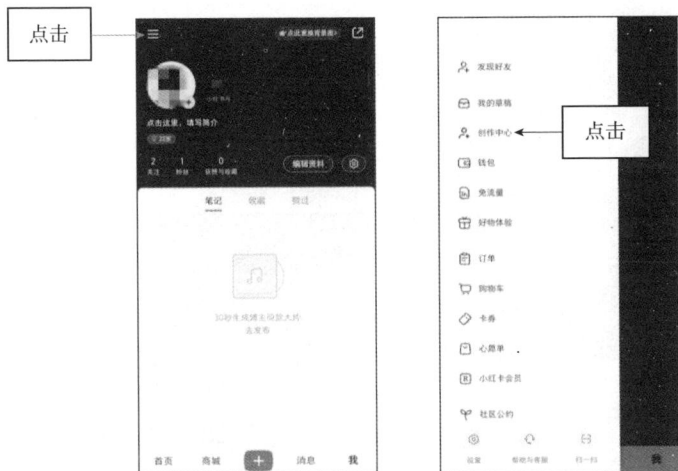

图 1-7　点击进入"创作中心"界面

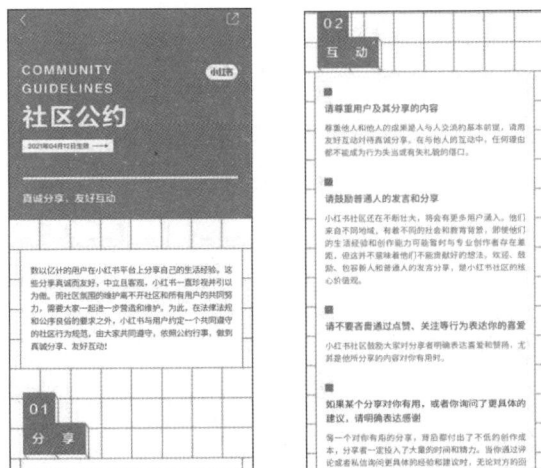

图 1-8　小红书《社区公约》（部分）

1.1.2　小红书的发展方向

目前，小红书的发展方向主要包括产品电商、正品自营、内容社区三个方面，下面就这三个发展方向进行详细介绍。

1. 产品电商

小红书从海外购物分享开始做起，因此就会出现一个难题，那便是只能看却买不到。针对这个难题，小红书上线了小红书福利社，如图 1-9 所示。该福利社通过积累下来的海外购物数据，分析出海外购物的趋势，然后以此为基础，把海外最受用户喜欢的产品通过最短的路径提供给用户。

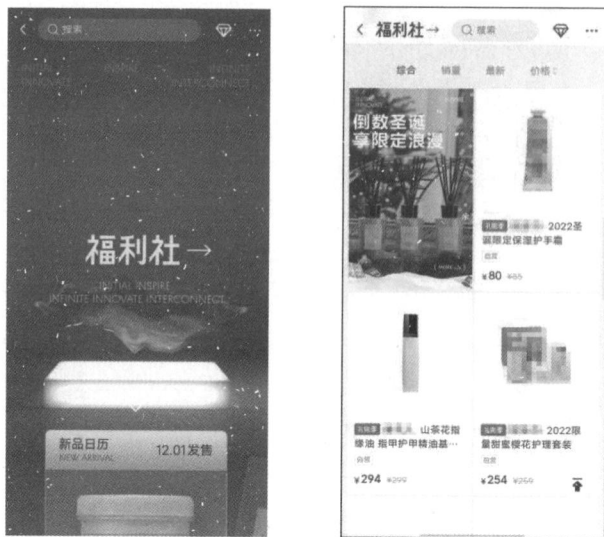

图 1-9　小红书福利社

与其他电商相比，小红书有两个独特之处。

其一是口碑营销，用户在淘宝等平台上购买产品的时候，通常都会去看买家评论，看看产品的口碑情况，而小红书是一个真实分享的社区，真实用户的口碑更能够吸引大家购买。

其二是结构化数据下的选品。在小红书上，有着大量的用户在平台上发现并分享自己喜欢的好物，同时用户也会针对自己的喜好去浏览、点赞、收藏一些笔记或视频，因此小红书中有着大量的底层数据。通过这些数据，小红书可以精准地向用户推送他们喜欢的笔记或视频。

2. 正品自营

为了确保小红书上用户购买的产品都是正品，小红书与许多品牌都有合作，如完美日记和雅诗兰黛等，如图 1-10 所示。一般来说，小红书与品牌合作都是通过正品授权和官方直营这两种模式进行的。

此外，小红书还建立了多个海外仓库，并在国内的两处保税仓中设立了产品检测实验室。当用户对产品产生疑问时，小红书会立即将产品送去检测。并且小红书还建立了国际物流系统，以便将产品又快、又准地送到用户手中。

3. 内容社区

一般来说，大多数网络社区都属于虚拟社区，一切都在线上解决，而小红书则将线上与线下相结合，用户通过在线上观察、阅读，然后到线下去体验、消

图 1-10　小红书与完美日记、雅诗兰黛品牌合作

费，因此小红书被称为"三次元社区"。

小红书通过某个用户在平台上分享自己的消费体验，然后与用户互动，激发用户到线下体验、消费的欲望，而这些用户在体验后会反过来进行更多的线上分享，形成一个循环，从而吸引更多的人进入平台。

在过去的几年里，有不少品牌在小红书上成长起来，如至本、谷雨等。如今，小红书也成了能够促进消费的主要阵地，图 1-11 所示为至本和谷雨品牌账号主页。

图 1-11　至本和谷雨品牌账号主页

1.1.3　小红书的主要消费人群

大部分用户在购买产品时，都会有提前在小红书上搜索该产品的行为。在这个社交媒体的时代，"人、货、场"三者被重塑，消费需求也变得更加多元化。

在"人"方面，之前人们更注重物质的需求，而现在则更加注重情绪价值等方面的隐性需求；在"货"方面，之前人们更加注重基础功能，而现在则更加注重消费体验，注重那些全方位的产品；而在"场"方面，之前人们被局限于线上、线下的消费端，而现在则走向了社媒化、场景化及泛娱乐化。图 1-12 所示为小红书与其他平台的对比图。

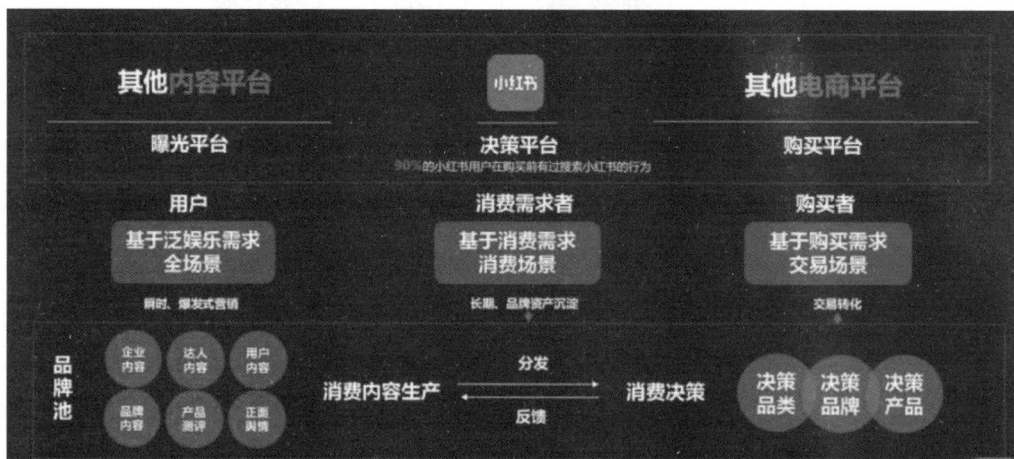

图 1-12　小红书与其他平台的对比图

图 1-13 所示为 2022 年千瓜活跃用户画像趋势报告（小红书平台）。可以看出，小红书平台上最为活跃的用户年龄是 18~24 岁。

值得注意的是，小红书平台有着四大主要消费人群，下面分别进行介绍。

1. 学生

从图 1-13 中可以看出，小红书平台上最为活跃的用户年龄是 18~24 岁，这个年龄段的用户一般是大学生和初入职场新人。因此，以"大学生"作为关键词，可以看出他们比较关注护肤和大学教育方面的内容，如图 1-14 所示。

2. 职场人

25~34 岁区间的用户一般都属于职场人，因此他们普遍会关注一些与职场有关的内容，或者穿搭类的内容，如图 1-15 所示。

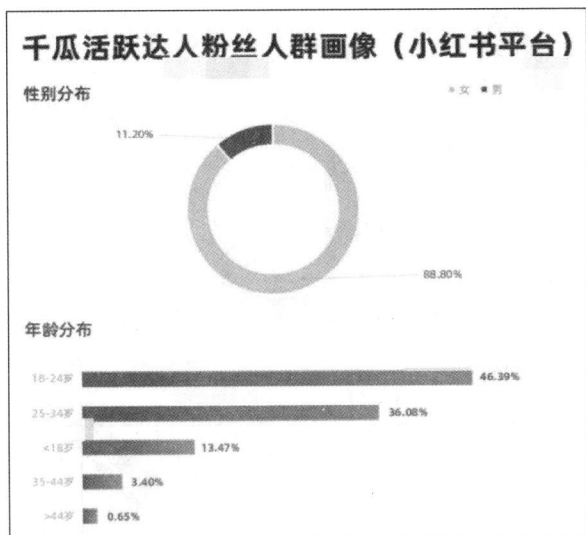

图 1-13　2022 年千瓜活跃用户画像趋势报告（小红书平台）

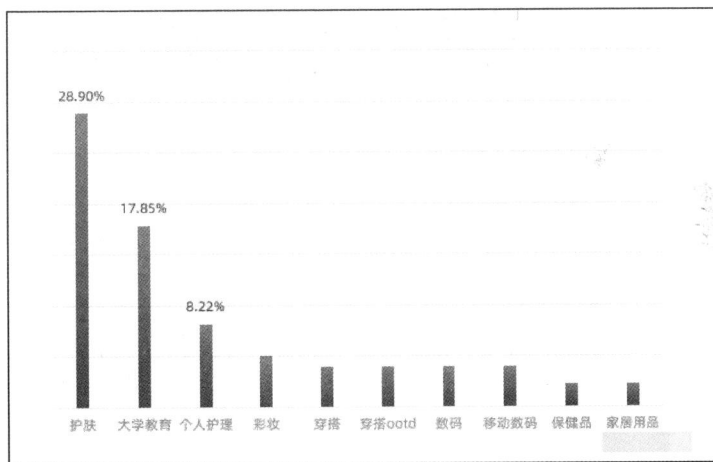

图 1-14　8 月 25 日—9 月 25 日关键词"大学生"商业笔记分类分布

3. 年轻妈妈

25~34 岁区间也有许多用户已经结婚生子，成了"宝妈"，这群用户一般比较关注的是婴幼儿的食品、用品等，如图 1-16 所示。年轻妈妈也是小红书平台上比较核心的用户人群。

4. 单身贵族

单身用户也是小红书平台上主要的用户人群。一般来说，作为单身用户，

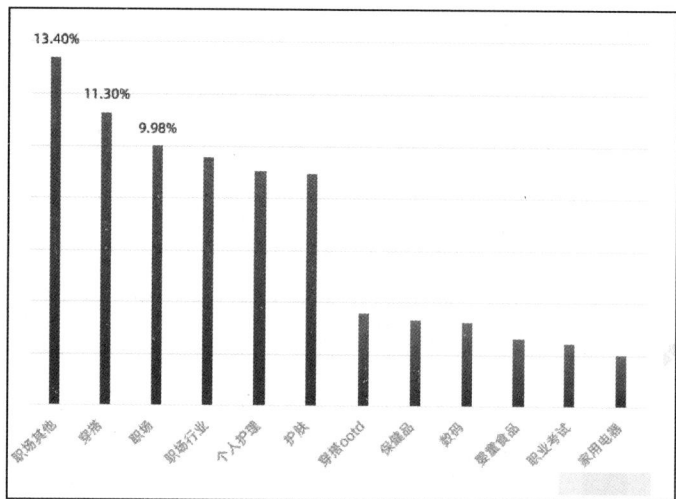

图 1-15　8 月 25 日—9 月 25 日关键词"职场"商业笔记分类分布

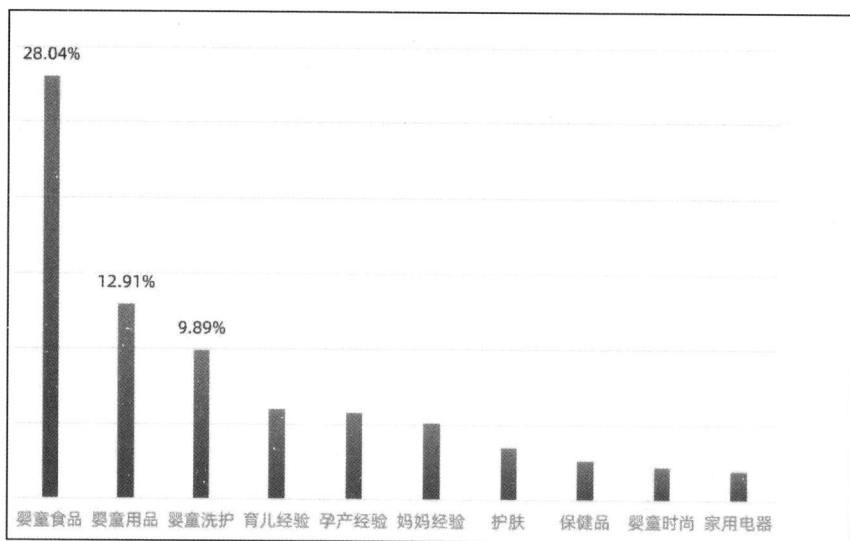

图 1-16　8 月 25 日—9 月 25 日关键词"妈妈"商业笔记分类分布

他们通常会关注护肤、室内设计、保健品类的内容，如图 1-17 所示。这主要是因为他们更加注重自身和住房环境，一个好的住房环境往往能够让单身用户觉得身心放松。

值得注意的是，小红书平台的目标用户主要是 18~34 岁的女性用户；而在地域上，用户主要分布于广东省和上海市，这些用户通常比较喜欢美妆类、穿搭类和护肤类的内容，因此在小红书上这些内容的笔记都是比较多的。

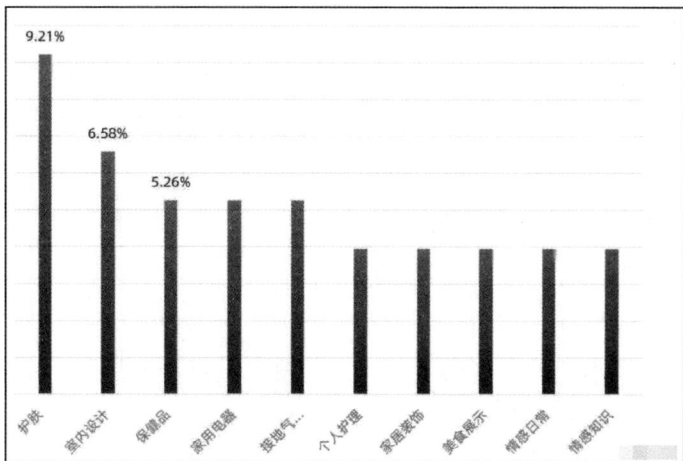

图 1-17　8 月 25 日—9 月 25 日关键词"单身"商业笔记分类分布

1.1.4　小红书的优缺点

相比于其他同类的平台，小红书更能满足用户的需求，也能够为用户提供更加多样化的生活方式。下面来看一下小红书的优缺点，深入了解小红书平台。

1. 优点

小红书的优点主要包括以下五个方面。

（1）内容丰富

小红书平台注重内容，以内容为王，因此，平台中有着庞大的内容库、精准的内容社区定位和健全的内容生产机制，使得小红书在内容电商领域占有一定的市场。

（2）传播力大

小红书平台最大的优势可以说是其标签笔记的传播力。小红书在一开始时利用明星、KOL（Key Opinion Leader，关键意见领袖）的入驻，吸引大量用户注册，然后通过每篇笔记的点赞、评论、收藏等信息来收集与分析用户的爱好，进而个性化推荐用户喜爱的内容，加强网络效应。

（3）精准的算法

小红书会通过收集、分类、解析用户的信息数据，精准地过滤掉用户不喜欢的内容。小红书中的算法是非常精准的，因此，只要用户多看几篇类似的笔记，系统便会持续推荐相关内容的笔记。而且只要用户搜索了某个关键词，同样，当用户刷新时，也会出现许多与关键词相关的内容。

初步了解小红书 App

（4）电商模式

小红书增加的电商模式，让商家或品牌主可以直接在平台上开设店铺，用户也无须再跳转到其他平台上购买，直接在小红书平台上便可以完成销售闭环，为广大商家或品牌主提供了产品销售的便利。

值得注意的是，商家或品牌主在通过平台进行产品售卖时，也需要向平台支付一定的手续费。

（5）身份转换

在小红书平台中，消费者和生产者之间是可以转换的。作为平台中的用户，既可以作为消费者在平台中购买产品，也可以作为内容生产者在平台上发布笔记。假如你一开始的定位是内容生产者，即博主，你也可以在平台中浏览其他内容生产者的笔记，购买自己想要的产品。

2. 缺点

（1）种草乱象

小红书的商业模式是"社区＋电商"模式，主要是为了打造种草销售的闭环。但是，在商业获利方面却出现了问题，许多用户虽然在小红书上种草，但是在其他平台上拔草的现象非常明显。

（2）个别内容虚假

之前，小红书平台上就出现过博主修图过度，图片与实景完全不同的情况，因此，很多用户便对小红书平台留下了不好的印象，平台也收到过许多用户投诉笔记内容虚假。而且，有的博主不去考察产品的实用性和真实性，便直接向用户推荐产品。

因此，小红书博主要想能够长久地留住更多的用户，最好在推荐产品之前，自己先使用一遍，并详细了解产品，然后把真实的情况告诉用户。

1.1.5 小红书的盈利模式

在了解小红书的盈利模式之前，先来了解一下小红书的业务形态迭代，主要包括四个方面，如图1-18所示。

可以看出，小红书最后的定位演变成了"标记我的生活"，即将平台定位的中心放在"生活"上，是一个准确的切入点，如图1-19所示。

小红书的盈利模式主要有四种，分别是流量转化、佣金分成、增值服务模式和收费服务模式，如图1-20所示。

小红书的定位演变	外部环境变化	内部环境变化
V1.0 "把旅行装进你的购物袋" 女性出境游购物攻略工具书	消费升级新起点 出境游热度高涨	迅速收获大量用户 出现自营代购呼声
V2.0 "找到国外的好东西" 女性海外购物社区电商平台	跨境电商政策开放 上海开放首批自贸区	电商负责"赚钱养家" 内容负责"貌美如花"
V3.0 "全世界的好东西" 女性综合性网上购物海淘平台	国家税率政策调整 跨境电商逐渐入冬	供应链能力较弱 广告收入占大头
V4.0 "标记我的生活" 年轻人的时尚生活方式分享平台	跨境电商格局已定 短视频正处于风口 争夺用户时间成关键	阿里领投新融资 社区用户过亿 男性用户仅有100万

图 1-18　小红书的业务形态迭代

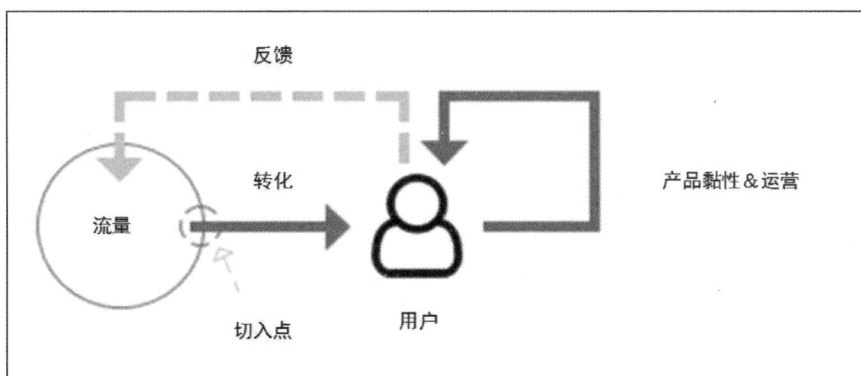

图 1-19　小红书准确的切入点

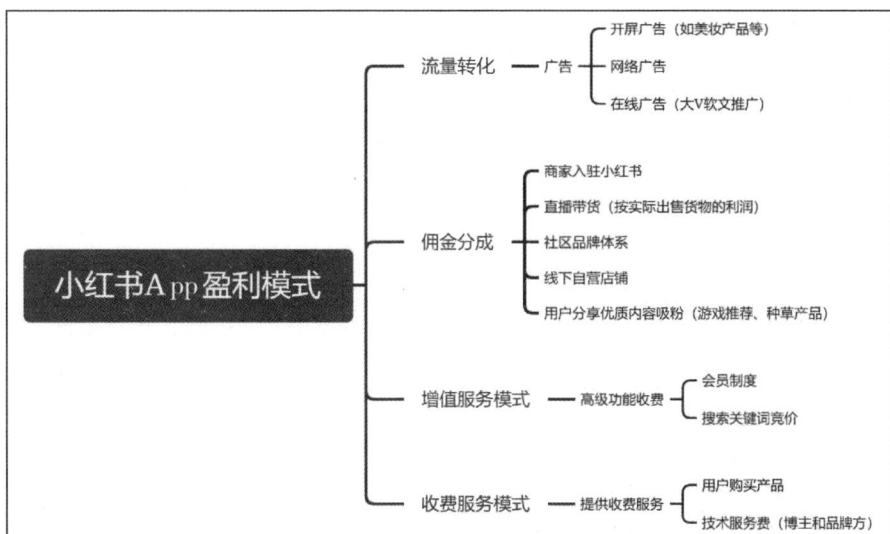

图 1-20　小红书的盈利模式

1.1.6　小红书的发展困境

现在的小红书平台有着成型的业务闭环，如图 1-21 所示。但是，小红书不但没有因此而形成绝对优势，反而成了推广工具。可以看出，现在很多品牌主或商家都会在小红书上与博主合作，或自己推广产品。

值得注意的是，小红书发展到现在，经历了纯内容—主电商—内容电商的发展历程，可见其也探索了不少方向。

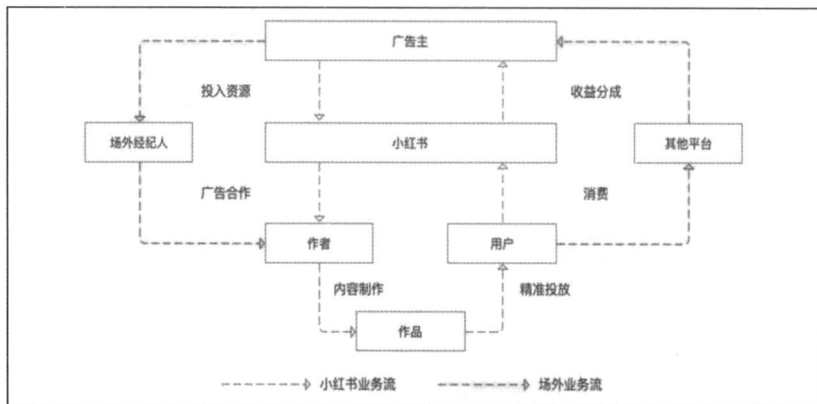

图 1-21　小红书的业务闭环

1.2　分析小红书的市场概况

经过几年的发展，小红书已经成为现在比较流行的年轻人的生活方式分享平台。平台上的用户可以通过图文或者视频的方式来分享自己的生活，并与兴趣相同的用户进行交流互动。

我们在了解了小红书的基本概况之后，还需要了解一下小红书的市场概况。本节便来看一下小红书的市场概况。

1.2.1　行业背景介绍

随着经济水平的提高，人们的生活水平也得到了不断提高，购买力也在不断提升，越来越多的人都选择跨境购买产品。因此，海淘用户和跨境电商整体交易的规模都保持着中高速的增长。

近年来，跨境电商行业的环境良好，正处于稳步发展之中。而且由于网民人数增长逐渐趋于平缓，网民增长速度变缓，所以，互联网人口红利开始消退，传统的电商发展速度逐渐变缓。

如今，随着信息时代的到来，市场正在发生变化，面对海量的信息，越来越多的人开始有"选择障碍"。而且用户的需求不断细化，越来越多的电商企业都在寻找新的发展方向。在这样的背景下，内容电商便受到了大家的欢迎，成为市场的新宠。优质的UGC内容一方面可以增加用户停留的时间、增强用户的黏性，另一方面可以让用户更快、更好地作出购买决策。

1.2.2　市场宏观分析

值得注意的是，由于某些原因，自2020年以来，相关移动App使用的时长得到了显著的提升，而且社交形式也逐渐多元化，出现了兴趣社交、娱乐技能社交、商务社交、图片社交等多种形式，相关的App也在不断增加，如图1-22所示。

图1-22　各类社交软件

我国通信技术不断发展、移动网络的普及和覆盖，极大地推动了移动互联网社交行业的发展，如图1-23所示。再加上其他技术的发展，促进了跨境电商的发展，因此，小红书的电商板块也得到了极大的发展。

>> 专家提醒 >>>>>>>>.. .>>>> .>>>>>>

AR为增强现实，英文名称为Augmented Reality；VR为虚拟现实，英文名称为Virtual Reality；AI为人工智能，英文名称为Artificial Intelligence。

图 1-23　科技发展推动互联网社交模式持续升级

1.2.3　跨境电商市场

现如今，人们越来越注重消费的质量，也越来越追求高品质的生活方式，因此，"海淘"这一新型的消费方式逐渐为大家所喜欢，跨境电商也因此在不断地发展。

艾瑞咨询曾发布一份报告，在报告中显示，我国从 2013 年到 2017 年，跨境进口零售电商市场规模年平均增长率超过 114%。

图 1-24 所示为 2013-2021 年中国跨境进口零售电商行业市场规模。可以看出，我国跨境电商行业虽然增长率在变缓，但是市场规模在逐渐扩大，用户群也在不断扩大，因此，未来我国跨境电商市场仍将保持平稳增长的态势。

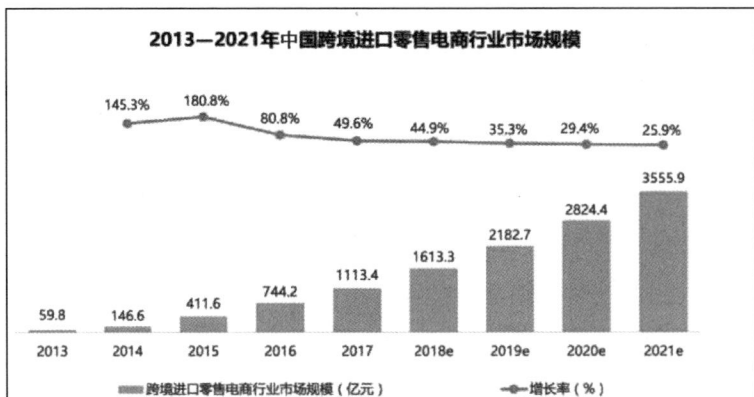

图 1-24　2013—2021 年中国跨境进口零售电商行业市场规模

1.2.4　社交电商市场

与移动电商相比，传统电商逐渐走下坡路，红利将尽，获客的成本逐渐升高。

而将社交与电商融合，能够为电商行业降低成本提供很好的解决方案。一般来说，如果通过亲朋好友及自己喜欢的 KOL 推荐，那么用户的信任度会更高，黏性也会更强。未来，社交和电商会不断融合，社交电商的市场也会不断扩大。

图 1-25 所示为 2016—2021 年我国社交电商行业情况。可以看出，在这几年时间里，我国的社交电商行业规模在不断扩大，在 2019 年就已经突破了 20 000 亿元，且仍在不断增长。虽然在 2019—2020 年增长率有所下降，但在之后又有所增加。

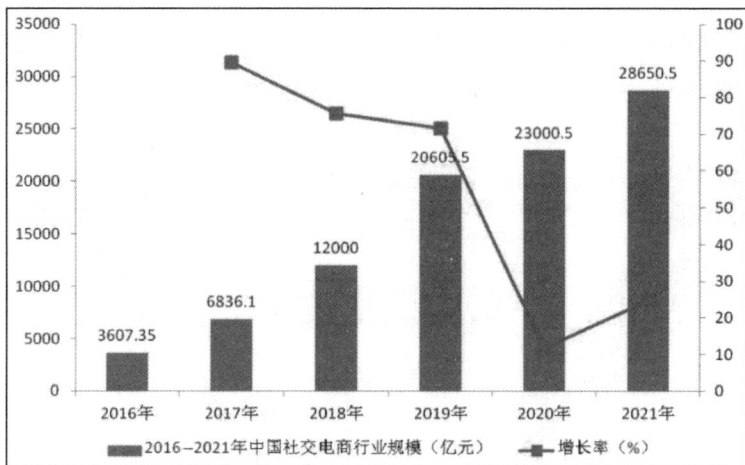

图 1-25　2016—2021 年我国社交电商行业情况

1.2.5　产品竞品分析

如果说小红书是一个跨境电商类的产品，那么，相关的跨境电商产品便是小红书的竞品。根据相关综合因素，我们将网易考拉、洋码头作为竞品进行分析，见表 1-1。

表 1-1　小红书与竞品分析情况

竞　品	产品定位	Slogan（口号）
小红书	基于 UGC 的购物笔记分享社区及自营（跨境）电商平台，通过真实购买产品的体验分享让用户获得可靠的产品信息，用户为注重生活品质且对海淘有需求和有一定消费能力的人群。针对这样的用户群体，小红书的内容定位是为爱美的年轻女性提供时尚、护肤、生活方式上的相关指南	标记我的生活
网易考拉	通过自营跨境电商精选高品质与极高性价比的产品，帮助用户花更少的钱，过更美好的生活，促进生活和消费升级	就像你的网上免税店

竞　品	产品定位	Slogan（口号）
洋码头	一站式海淘平台，连接海外零售市场和中国消费者，独特的买手模式与直播社区为用户提供便捷的购物环境、丰富的文化体验与优质的产品	海淘就上洋码头

值得注意的是，三者的定位是不一样的，因此它们的属性也不尽相同。小红书有着特有的竞争力，但是在跨境电商市场份额上，网易考拉显然更胜一筹，主要是因为网易考拉利用集团资源的优势，多方位打造产品品质及性价比。而洋码头则采用 C2C（Consumer to Consumer，个人与个人之间的消费活动）的模式来连接国内外商家与用户。图 1-26 所示为 C2C 模式。

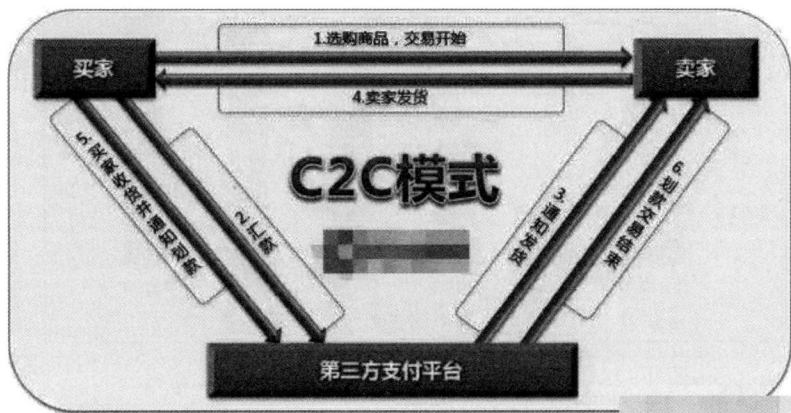

图 1-26　C2C 模式

1.3　掌握小红书的价值功能

作为一个深受大家欢迎的社区电商平台，小红书满足了用户的多种需求，如用户记录、社交、赚钱、购物等。随着经济的发展、移动互联网的普及，人们不用再花费大量的时间去实体店里购物，只需要利用一些零散的时间便可以在网上购买自己想要的产品。本节便来看一下小红书的价值功能。

1.3.1　用户价值分析

首先，看一下小红书用户价值的基本情况，主要从两个方面来进行分析，分别是用户画像及使用场景、用户行为路径。

1. 用户画像及使用场景

小红书的用户群体主要可以分为三类，分别是博主、用户和品牌主。值得注意的是，对这三类用户群体也可以进行细分，如博主可以分为 KOL、明星、留学人员，而用户可以分为学生、职场白领、行业小白等。

不同的用户类型，其行为也不尽相同，如学生，他们的浏览目的不强，主要浏览系统推荐的笔记，遇到感兴趣的内容则会点赞或收藏，购买的力度也不是很大，但是比较愿意参加品牌主或其他博主组织的直播或抽奖活动。

又如职场白领，他们在浏览笔记的时候，有着一定的针对性和侧重性，会通过搜索的方式来查阅一些经验性的笔记。当他们看到自己想要的产品后，会到自己常用的电商平台去购买。

2. 用户行为路径

对用户行为路径可以从两个方面进行分析，分别是社区功能和电商功能。

（1）社区功能

小红书平台中的社区功能主要为用户提供四大功能，分别是内容浏览、搜索、创作和互动，如图 1-27 所示。

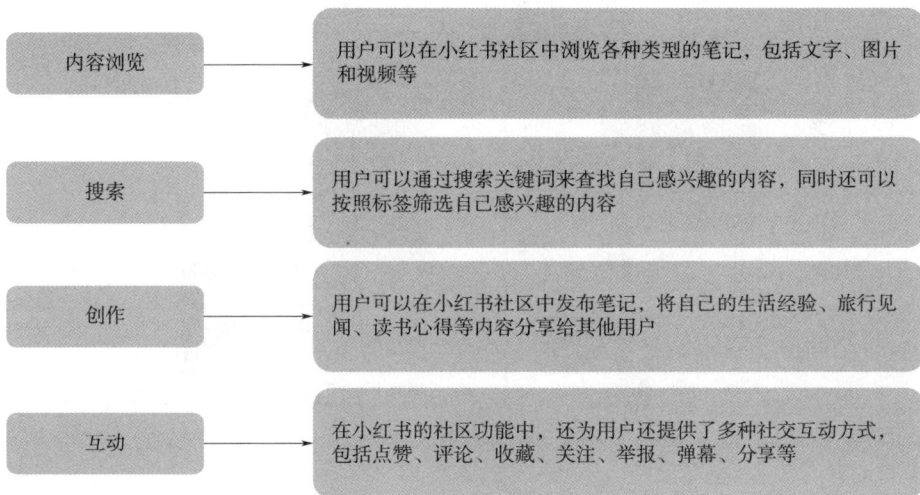

内容浏览	用户可以在小红书社区中浏览各种类型的笔记，包括文字、图片和视频等
搜索	用户可以通过搜索关键词来查找自己感兴趣的内容，同时还可以按照标签筛选自己感兴趣的内容
创作	用户可以在小红书社区中发布笔记，将自己的生活经验、旅行见闻、读书心得等内容分享给其他用户
互动	在小红书的社区功能中，还为用户还提供了多种社交互动方式，包括点赞、评论、收藏、关注、举报、弹幕、分享等

图 1-27 小红书的社区功能

（2）电商功能

小红书能够支持一体化的购买流程，包括下单、开票、支付等多种功能，用户行为路径包括浏览商城、查看产品详情等。

1.3.2 产品功能分析

    小红书的社区功能包括四个方面，分别是内容浏览、互动、创作和电商。小红书的首页便是平台中笔记的内容浏览界面，主要分为三个区域，分别是分类选择区、内容列表区和导航栏。

    用户可以在内容浏览页中与其他博主进行互动，从而建立自己的社交圈。一般来说，建立互动可以分为两类：一类是直接建立互动，有评论、私信等；另一类是间接建立互动，主要包括点赞、分享和关注等。

    在小红书平台中，发布笔记是创作的基础功能，用户可以发布图文笔记和视频类笔记两类。而在电商功能方面，小红书也有一个商城，与淘宝等主流电商平台类似，也可以进行产品选择、支付、售后等，但与主流电商平台不同的是，其商城需要多次点击才能进入，如图1-28所示，主要是因为小红书的发展方向是社交而非电商。

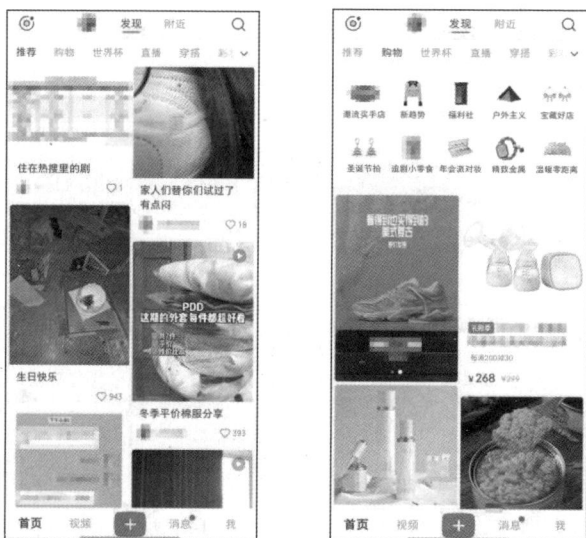

图1-28 进入商城

第2章
打造超高人气账号

　　要想打造一个超高人气的账号，需要博主做好账号运营，因为只有做好了账号运营，才能吸引更多的用户关注该账号。本章便从三个方面来介绍如何打造一个超高人气账号。

2.1　做好小红书账号定位

很多新人在做小红书运营的时候，满腔热血地开始干，但是过不了多久便发现效果不是很理想，选题也很痛苦，主要是因为他们什么也不知道就开始做账号、去运营。他们首先需要了解的就是账号运营的相关情况，做好账号定位，这样才能更好地运营账号。本节便来看一下小红书账号定位的相关情况。

2.1.1　了解定位的含义

定位指的是给你的账号设定一个范围，博主只能在这个范围内创作内容，如你的账号定位为口红测评，那么你发布的内容就只能是与口红测评有关的，而不能发布居家好物推荐等不相关的内容。只有做好账号定位，才能够吸引更多精准的用户。

一般用户因为一篇笔记而点击观看一个博主的主页，其目的便是想看与之相关的内容。当用户看到你的账号中发布的其他笔记都是围绕一个主题的，便会一直看下去，甚至会关注你的账号。如果用户点进去看到你的账号中发布的笔记是杂乱无章的，毫无主题可言，便不会想要再了解你。

除此之外，做好账号定位还有以下三点好处。

1.　提高垂直度

当你的账号中的笔记主题不一时，系统便不知道你的账号到底要做什么，便不会给你的账号过多的曝光。因为如果系统无法判断你的账号定位，将会导致账号的垂直度降低。两个笔记在同等情况下，系统往往会推荐垂直度高的笔记，因为这样的笔记更能够匹配用户的需求，内容也相对更为优质。

垂直度高的账号，小红书平台会根据你发布的笔记给予一个标签，然后将你的笔记推送给更加精准的用户。而垂直度低的账号，系统则无法判断，便只能推荐给关联度不高的用户，而这些用户点击你的笔记的概率不高，你的笔记的曝光度便会大大降低，而且你的笔记的用户群体也不够精准，流动性强。

因此，只有做好账号定位，提高账号的垂直度，你的账号才能获得更多、更精准、黏性更强的用户。

2.　降低竞争力

给自己的账号做好定位，那么与你竞争的便是与你的账号定位相同的博主；

而没有做好账号定位，那么与你竞争的便是整个平台中类似的博主。例如，你没有做好账号定位，发布的内容是汉服测评和汉服发型，那么你的竞争者便是定位为汉服测评和汉服发型的所有博主。

但是，如果你仅仅将账号定位为汉服发型，那么你的竞争者便只是汉服发型的相关博主了。而且如果你的账号定位更深入，是全真发中短发汉服发型，那么与你竞争的博主便更少了。

3. 增大关注度

在做好账号定位之后，能够吸引更多精准的用户，而且对这方面感兴趣的用户便会关注你的账号。例如，你的账号是做美食的，那么关注你的账号的便是那些想要学做美食的用户。你的笔记给他们提供了价值，而且持续性产出同一类内容，也会增加你的账号的关注度。

2.1.2 账号定位前的四个问题

在做账号定位之前，你需要先问自己四个问题，在明确了这四个问题的答案之后，你才能更好地进行账号定位。下面便来看一下这四个问题。

1. 你是谁

"你是谁"问的不是你是谁，而是你的人设，一个好的人设能够让更多人记住，让用户想起这个内容时就想到你。人设不能轻易定下，而是需要博主通过详细分析才能得出的。值得注意的是，在保持这个人设期间，尽量不要出现人设崩塌的现象，这会使你的形象大打折扣，所以最好选择一个你喜欢的、价值高的人设。

目前，小红书上有很多类目，最容易接到合作的便是美妆、穿搭、探店之类的博主。其实，平台内可供选择的种类有很多，就看你能否找到合适、喜欢的。

还有一点值得注意的是，小红书上许多的热门领域呈金字塔形式，已经有了头部博主，且这些领域还存在许多的中、低层博主，竞争十分激烈。如果你的内容不能脱颖而出，那么你最好选择一个竞争相对较少的领域，或者对这些领域进行更加深入的探讨，这样你的竞争才不会很激烈。

2. 你的目标群体有哪些

在了解了"你是谁"这一问题后，我们还需要知道"你的目标群体有哪些"，即需要确定自己的目标用户。只有知道了自己的目标用户是谁，你才能更好地创作内容。

对于目标群体，你需要知道你的内容适合男性还是女性？你的粉丝年龄会在哪个区间内？他们所在的城市是一线、二线还是其他城市？他们的职业又是什么？也就是说，你需要有目标群体的画像，包括性别、地域、消费习惯等。图2-1所示为用户画像示例。

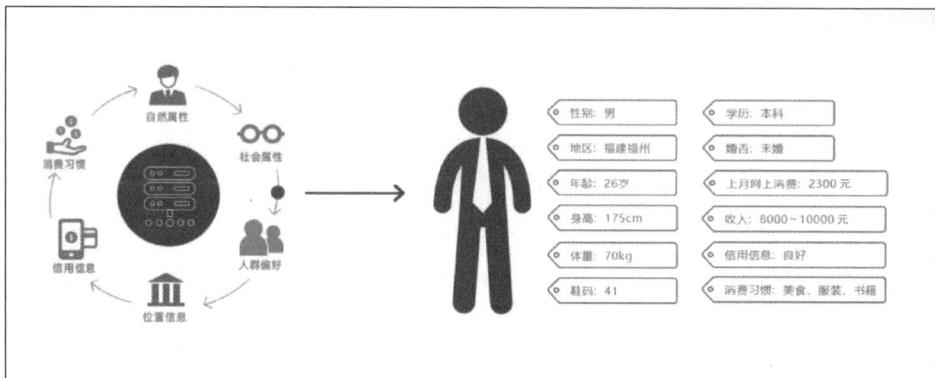

图 2-1　用户画像示例

在确定了这些后，你输出的内容才会更有针对性，从而帮助你找到更加合适的人设，做好账号定位。

3. 有什么自己的优势

同样是做穿搭的，你的穿搭笔记与别人的穿搭笔记有什么不同？用户为什么要看你的而不去看其他博主的呢？这时，你需要给出一个优势，给用户一个与众不同的价值。例如，同样是穿搭博主，你可以将自己的体重和身高告诉用户，这样与你相同维度的用户便会来关注你，这就是你与别人的不同，即身材不同。

4. 你用什么来吸引用户

小红书上的博主有很多，你怎么在众多的博主中脱颖而出呢？你用什么来吸引用户呢？

在微信朋友圈中，不管你发布什么内容，总会有你的朋友点赞或评论。但是，小红书平台不是微信朋友圈，你的用户也不是你的朋友，他们不会因为认识你而给你点赞，你需要给他们一个吸引点，才能够让他们给你点赞或关注你。

如果你的笔记不能吸引用户，那么他们便不会关注你，所以你需要想办法让你的笔记有吸引力。那么，什么样的内容能够吸引用户呢？

（1）成功经验

小红书本来就属于分享型社区，用户大多数是因为想要看别人的经验分享才来逛小红书的，因此，你需要将自己的购物心得、经验等分享给广大陌生的用户，这样才能吸引用户。图 2-2 所示为成功经验分享笔记案例。

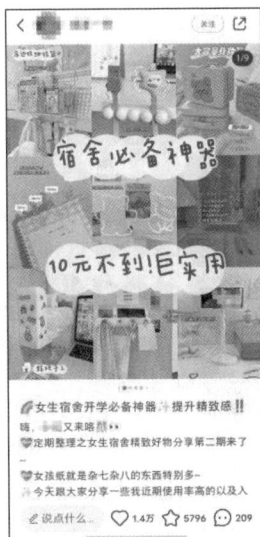

（2）精神享受

现如今，人们的物质生活开始变得富足，便会追求精神上的享受，而且现在的年轻人压力很大，通常都会想要在精神上放松一下，因此，你在输出内容的时候可以从这个方面下手，给用户一种精神上的享受，这样关注你的用户便会更多。

（3）产品分享

将好用的产品分享出来，推荐给用户。如果你推荐的产品多次满足用户的需要，那么他们便会持续地关注你，甚至会将你推荐给他们的朋友。图 2-3 所示为好物分享笔记案例。

（4）学习成长

除了以上三点，你还可以用学习成长类的内容来吸引用户。目前，小红书内有很多这种学习成长类的博主，如图 2-4 所示。

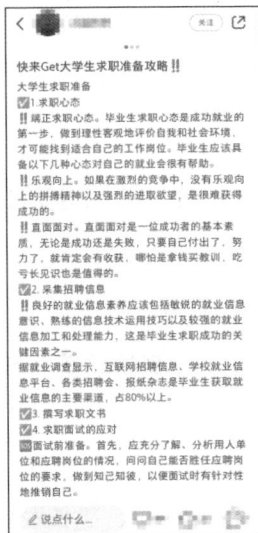

图 2-2　成功经验分享
笔记案例

图 2-3　好物分享笔记案例

图 2-4　学习成长类博主

值得注意的是，你在做好账号定位后，可以借鉴类似博主，看看他们平时发布的内容是什么，了解同类博主为什么会更加吸引用户点赞、关注，然后开始模仿，并在模仿中逐渐形成自己的风格。

2.1.3　账号定位的四大意义

前面说到了什么是定位，以及账号定位前的四大问题，下面来看一下账号定位有哪些意义。

1. 良好的第一印象

人们在相处时的第一印象非常重要，有时候一个良好的第一印象是一段关系的开端。同时，我们在看别人第一眼的时候，通常可以看到一个人的外貌特征，如高矮胖瘦、是长发还是短发等，这些特征可以让用户快速地记住你的样子，同时也能快速地了解到你是谁、你在做什么。

一个良好的第一印象也可以让用户关注你，如果你输出的东西足够吸引住用户，那么他们会在第一时间关注你。给账号定位是为了能够吸引更多的用户，因此，我们要给用户一个良好的第一印象。

如果一个账号的定位十分明晰，用户便可以一眼就看清楚你是做什么的，就好像一个干净、整洁的房间，访客一眼便会喜欢上；如果是一个脏乱的房间，访客便不会长久停留。

2. 差异化突围

差异化的内容能够让你在众多的同类博主中脱颖而出，一方面，要让平台了解到你的差异化，这样才能让平台将你的笔记推荐给更多的用户；另一方面，要让你的粉丝看到你的差异化，否则粉丝就会转而去关注别人。

3. 明确内容生产

分析用户的需求以及自己的能力，明确自己要生产的内容及转化获利的方式，这样才能持续、有效地保持账号内容的输出，保证账号的正常运营。

如图 2-5 所示，左侧的笔记内容

图 2-5　明确内容生产案例

主要为平价全套化妆品推荐，而右侧的笔记内容则为转行自学新媒体运营经验分享。两者的内容截然不同，因此，两者在发布内容的时候便不可随意混淆，否则很难吸引并留住用户。

4. 迎合平台喜好

当前有很多互联网平台，如微博、抖音等，这些平台都有一个共同点，就是它们都希望有更多且持续地在某一领域中产出垂直内容的账号。这种账号往往能够给平台带来更大的价值，也只有针对这样的账号，平台才会不断地给予支持。

2.1.4 账号定位七步法

一般来说，要想做好账号定位，可以从以下七步做起。

1. 找到你擅长的

这里的擅长是通过与别人的比较得出的，不能单纯地说你擅长唱歌，因为别人也擅长唱歌，你要思考自己是否比别人唱得好？当然，这个别人不是指所有人，而是指你的水平是在中等偏上的，比平台中的大部分人要好。

并且你所擅长的不一定是一种技能，也有可能是人际关系、资源等。那么，我们要从哪些方面来找到你所擅长的呢？如图 2-6 所示。

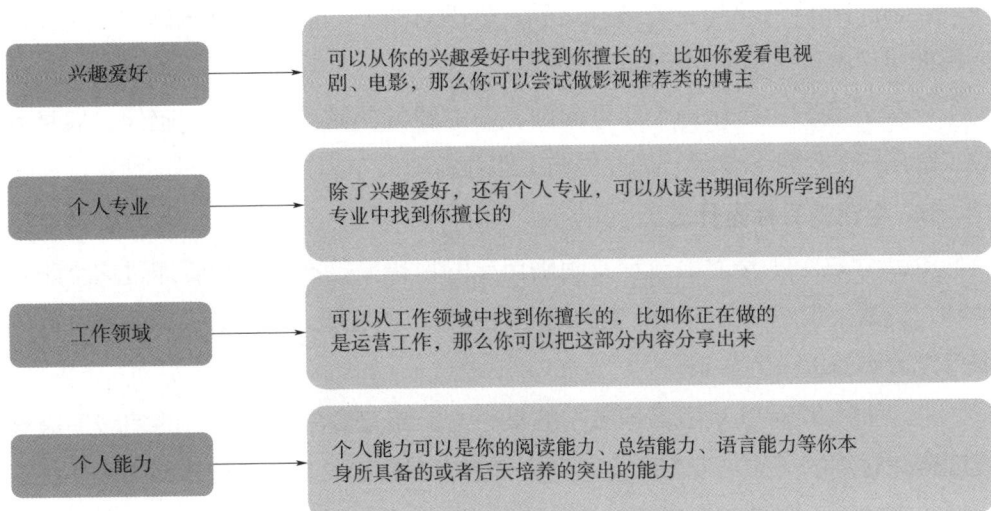

兴趣爱好	可以从你的兴趣爱好中找到你擅长的，比如你爱看电视剧、电影，那么你可以尝试做影视推荐类的博主
个人专业	除了兴趣爱好，还有个人专业，可以从读书期间你所学到的专业中找到你擅长的
工作领域	可以从工作领域中找到你擅长的，比如你正在做的是运营工作，那么你可以把这部分内容分享出来
个人能力	个人能力可以是你的阅读能力、总结能力、语言能力等你本身所具备的或者后天培养的突出的能力

图 2-6　找到你擅长的四个方面

2. 从擅长里找到喜欢的

兴趣是我们做事时最好的动力源泉，所以，我们要在自己擅长的事物里找到自己喜欢的。如果你喜欢的东西很多，则可以使用排除法，先排除自己不喜欢的。

3. 从喜欢里找到能持续的

在开始运营账号之前，你必须想清楚，并不是付出就会马上得到回报的，况且在这个平台里有许多的博主在与你竞争，你的笔记不可能每个都能够上热门，也不可能上了热门就能吸引到很多的用户。所以，你要问问自己，在付出了很多却短时间内没有得到结果的情况下，你能坚持下来吗？

每一个新人在刚刚开始的时候，都是要耐得住寂寞的。山重水复疑无路，柳暗花明又一村。或许你坚持下来了，便能够得到一个很好的结果，但是往往有很多人没有坚持下来。在坚持的这段时间里，你需要根据账号的数据和市场的情况，不断地调整自己的策略、方向，这样结果才会变好。

此外，还有一点就是，你储备的知识和财力能不能支撑你坚持。如果你的储备量无法支撑你长期输出，你就必须在输出的同时不断地学习新的知识，充实你的储备量。例如，你是做口红测评的，你家中有 50 支口红，那么你做完这 50 支口红的测评后，你是否有能力持续购买并且了解新的口红知识来支撑你的口红测评。

4. 确定用户画像

当我们找到自己想要的方向之后，就把这个方向的用户画像确定下来，然后根据用户画像来斟酌自己输出的内容。

但是，我们只是做一个账号而已，不需要做非常详细的用户画像，只是大致了解用户的性别、年龄、居住城市、职业就可以了。

5. 自己的目标是什么

在运营这个账号之前一定要明确自己的目标是什么，是想要通过这个账号盈利，还是仅仅想要向广大陌生的用户分享自己的经验、情绪等，这些都与你的账号定位有着很大的关系。

一个账号是可以从很多领域内的某个方面来运营的，但是有的领域是很难实现转化获利的。如影视剪辑，这类账号很容易获得关注度，但是想要转化获利是很困难的，主要是因为找你投广告的并不多。自己辛辛苦苦打造出来的账号，结果却没有得到想要的收益，就得不偿失了。

所以，在进行账号定位之前，一定要了解自己的目标到底是什么。如果是为了能够快速实现转化获利，那么最好不要选择那些商业价值低的领域。

6. 适合小红书吗

在做小红书运营之前，一定要了解一些自己想要发布的内容及自己的定位是否适合在小红书平台上发布。你可以先了解小红书平台，然后将用户画像与小红书的背景数据进行对比。

如果你所创作的内容面向的群众是老年人，就不适合在小红书平台上发布。但如果你创作的是做美妆、探店、学习类的内容，就适合在小红书平台上发布。图 2-7 所示为小红书上的探店博主，这种探店内容是经常在小红书上出现的，也是比较受小红书用户欢迎的。

图 2-7　小红书上的探店博主

当你发现自己创作内容不适合在小红书平台上发布时，你就需要返回第二点，重新选择你所喜欢的领域，然后再去挑选。

7. 寻求新意

你在做好以上几步之后，就来思考一下你发布内容的新意。你可以提前去小红书中了解相类似的其他博主发布的内容，从中找到与众不同的方向，这样会帮助你减轻竞争压力。

那么，怎么去寻求新意，避免直接竞争呢？目前主要有两种方式：一是选择细分领域，二是突出自己的个人特色。

（1）选择细分领域

在选择运营领域的时候，你可能会选择现在比较热门的彩妆领域等，但现在在小红书中有很多这样的博主，这时候你就得选择其中的细分领域了，这样或许还有机会获得大部分粉丝的关注。选择细分领域有两种办法：一种是横向细分，另一种是纵向细分。

横向细分就是从横向来对你选择的领域进行划分，例如，你选择的领域是汉服，别人做汉服推荐，你可以做汉服混搭或汉服入门科普，如图 2-8 所示。

纵向细分是在一个大的领域中往深处挖掘，例如，你选择美妆这个大类，便可以纵向细分出眼妆、口红等，如图 2-9 所示。

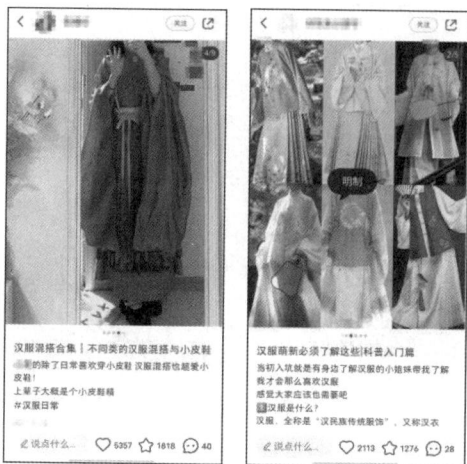

图 2-8　横向细分案例　　　　图 2-9　纵向细分案例

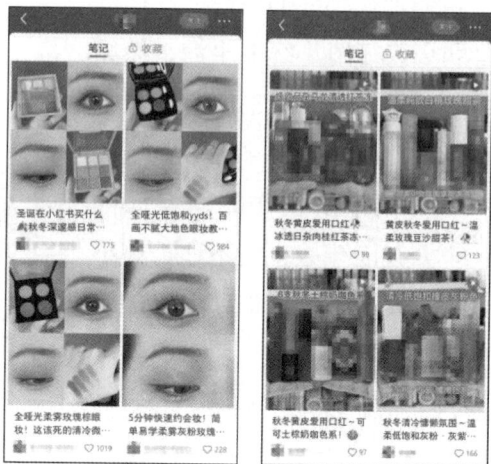

（2）突出自己的个人特色

除了选择细分领域，还可以在自己的账号中突出自己的个人特色。比如，你在直播中或者在视频中加入自己的口头禅等，并用风趣幽默的话语讲述出来，形成自己独一无二的风格，这样便会让一些观看你直播或视频的粉丝更快地记住你并持续地关注你。

2.2　知悉小红书笔记的权重

笔记的权重会影响笔记的流量，权重越高，则越容易被用户发现，也越容易吸引用户的关注。本节便来看一看小红书权重的相关内容。

2.2.1　笔记审核机制

用户在发布笔记之后，会有一个审核机制，如图 2-10 所示。平台会按照一定的规则来初步审核博主所发布笔记中的敏感词、违规词等，当笔记中没有出现违规的内容便会让其通过，否则便不会让其通过。

除此之外，还可能出现一部分疑似违规的情况，这种情况是系统没有检测出来，然后转到人工审核。当笔记审核不通过的时候，便会被关进小黑屋里，即

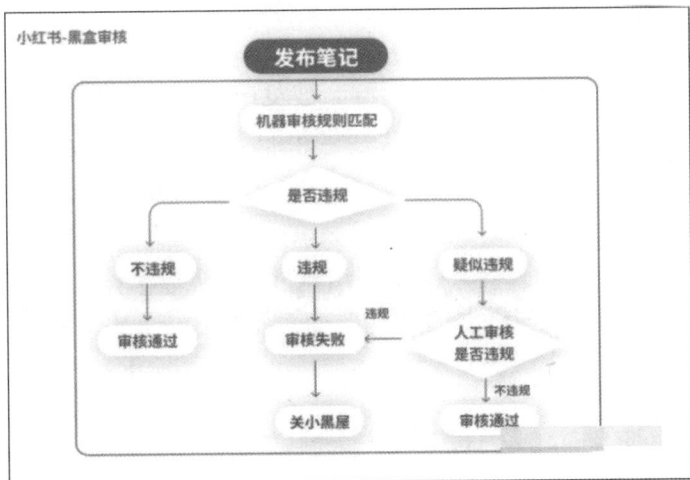

图 2-10 笔记审核机制

限流，用户便看不到你发布的这条笔记。

一般来说，笔记通过系统进行审核的时间通常是几分钟到十几分钟不等。如果你发布的笔记审核时间较长，则可能是因为在进行人工审核。

值得注意的是，笔记审核通过之后会被收录，而有些因素会导致笔记不能被收录，主要有四种因素，如图 2-11 所示。

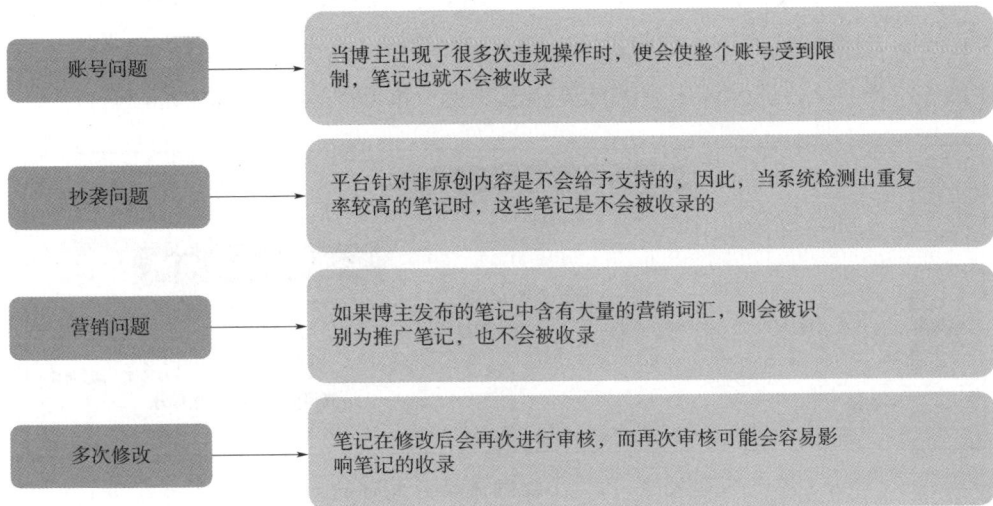

账号问题	当博主出现了很多次违规操作时，便会使整个账号受到限制，笔记也就不会被收录
抄袭问题	平台针对非原创内容是不会给予支持的，因此，当系统检测出重复率较高的笔记时，这些笔记是不会被收录的
营销问题	如果博主发布的笔记中含有大量的营销词汇，则会被识别为推广笔记，也不会被收录
多次修改	笔记在修改后会再次进行审核，而再次审核可能会容易影响笔记的收录

图 2-11 笔记不被收录的四种因素

2.2.2 笔记推动机制

博主发布的笔记在通过审核之后便会被发布出来，小红书平台还有一个机制会对笔记进行拆分，如图 2-12 所示。该机制主要是为了帮助博主扩大笔记的影响范围，吸引更多用户。

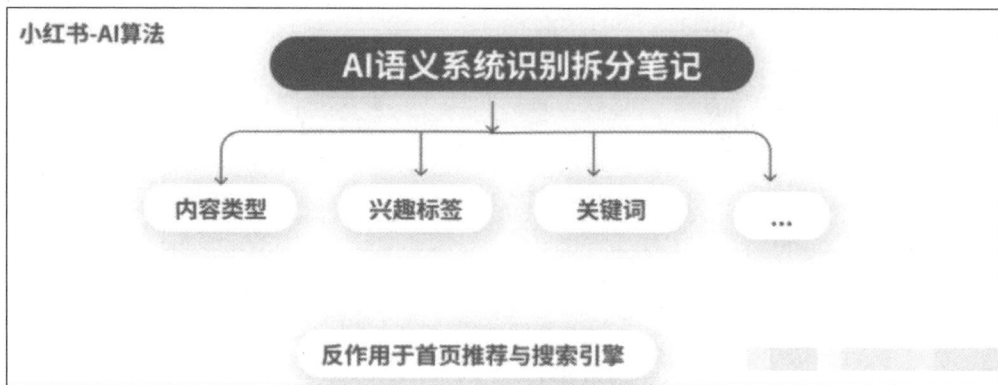

图 2-12　笔记拆分

通过拆分后，博主的笔记便可以被推送到平台首页，而且还会被精准推送给一部分用户。如果在第一次推荐的时候能够获得较好的笔记互动，便会被二次推荐，推荐给稍大的人群曝光池；如果效果好，便会被推荐给更大的人群曝光池。

图 2-13 所示为小红书流量分发逻辑。其中，CSS（Cascading Style Sheets，层叠样式表）＝ 点赞数（1 分）＋ 收藏数（1 分）＋ 评论数（4 分）＋ 关注数（8 分），公式计算出来的结果会影响首页推荐的次数。

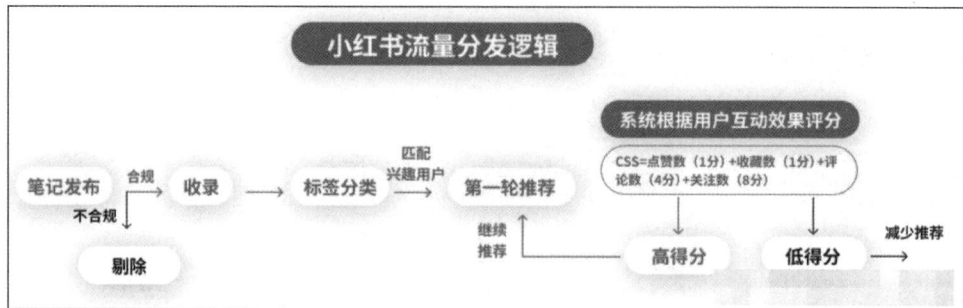

图 2-13　小红书流量分发逻辑

2.2.3 笔记排名机制

用户有时候会搜索关键词，而搜索出来的笔记越靠前，则说明该笔记的权重越大。只有靠前的笔记，用户点击的概率才更大。

当用户搜索关键词时，AI算法便会根据拆分结果来推荐笔记。值得注意的是，推荐页的评分系统主要包括互动量和转粉量两种，而搜索页的评分系统还包括内容相关度和搜索点击率。

那么，应该怎样提升自己笔记的排名呢？主要可以从四个方面来提升，如图2-14所示。

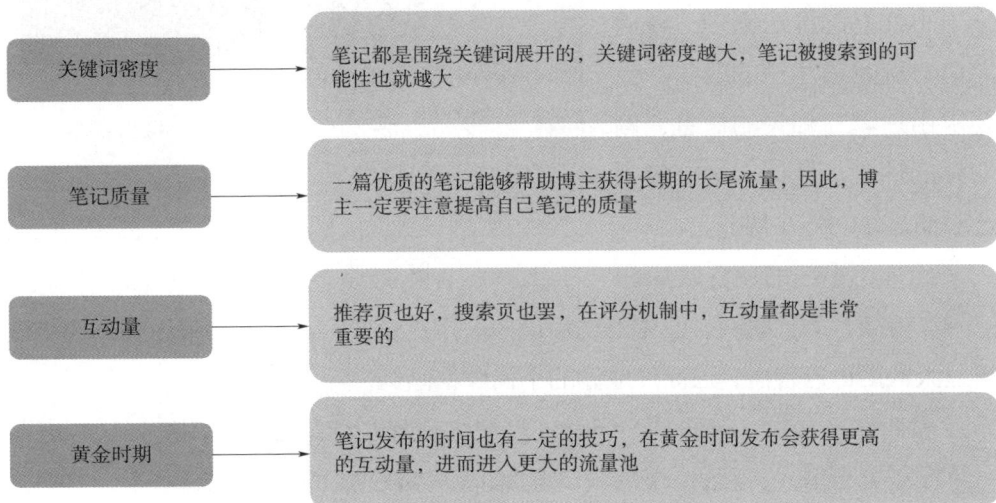

关键词密度	→	笔记都是围绕关键词展开的，关键词密度越大，笔记被搜索到的可能性也就越大
笔记质量	→	一篇优质的笔记能够帮助博主获得长期的长尾流量，因此，博主一定要注意提高自己笔记的质量
互动量	→	推荐页也好，搜索页也罢，在评分机制中，互动量都是非常重要的
黄金时期	→	笔记发布的时间也有一定的技巧，在黄金时间发布会获得更高的互动量，进而进入更大的流量池

图 2-14　提升笔记排名的四个方面

2.2.4　权重规则算法

小红书的笔记权重关系着用户所发布笔记的曝光率，相同的内容，权重高的曝光率相对更大一些。那么，小红书笔记权重的规则算法是什么样的呢？下面来看一下。

1. 原创

小红书是一个典型的分享型社区，其核心就在于内容和氛围。如果平台中充斥着大量重复的内容，那么还有谁愿意去看呢？

因此，小红书关注的重点一直是笔记的原创性，无论你的笔记好与坏，必须是原创内容。

当然，还会出现一种情况，那就是你的笔记属于原创内容，但是却与别人的笔记有相似之处。在这种情况下，小红书便会综合你每篇笔记的原创程度取一个平均值，这个平均值的参数便是原创率。

那么，我们如何提高原创率呢？最好的办法就是你的笔记全部是原创内容，包括你发布的图片，如图2-15所示。

2. 转化率

在讲转化率之前，先介绍一下小红书的推送原理。在用户第一次登录注册的时候，会要求用户填写相关的信息，例如你的性别、地区、学校等，这些便是你的外在特征。

此外，小红书还会收集你

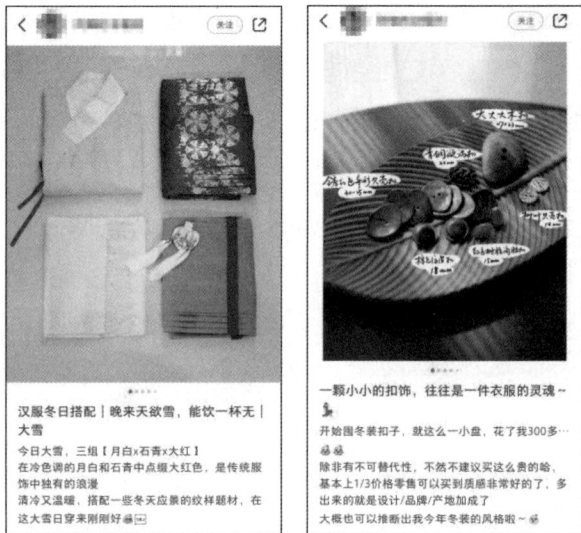

图 2-15　笔记内容原创

的内在特征，即互联网行业中的通用词——用户画像。小红书会将你的外部特征通过大数据进行分析，进而形成你的个人人格画像。

假如你是女生，在适婚的年龄，笔记中有着与结婚相关的词汇，且你近期一直在浏览与婚纱、酒店、婚礼相关的笔记，系统便会知道你即将结婚，这样，系统便会给你推荐更多的相关信息。

然后系统会根据账号和笔记的权重将相关的笔记推送给一小部分人进行转化，如果转化率不够高，就会结束推送，笔记就会进入关键词的信息流下面，只能依靠用户搜索才能观看。当转化率足够高的时候，笔记就会被推荐给大量人群，这样笔记的曝光度、转化率都会提高。

转化率是什么呢？转化率便是这篇笔记的转发、评论、收藏、点赞的数量。一般来说，其关系主要是转发＞评论＞收藏＞点赞。

由此可见，小红书将转发作为转化率的第一位，因为转发至站外能够获得更多的关注度及流量。而点赞只是观看者一个表态的动作，很难对该笔记做出价值判断，所以，评论和收藏的权重要相对更高一些。

3. 内容长度

笔记内容的长度一般在600字以上，才能满足合格的条件，并且能够获得内容长度的权重分。如果笔记内容不超过600字，就不会增加权重分。图2-16所示为内容较多的笔记。

4. 关键词

关键词就是用户笔记中提到的关键词或标题中的关键词。这个关键词必须是与笔记内容关联性很高的，否则系统会将你的笔记认为是恶意引流的笔记，将会降低你这部分内容的权重。因此，用户在发布笔记的时候切忌贴上不符合内容的关键词。

5. 标签

标签对于笔记的权重也会有一定的影响，其影响主要包括两个方面。一方面是标签的内容。标签的内容最好不是广告，广告标签很容易影响用户的观感，会影响笔记的权重，且标签最好与笔记的内容有一定的关联，不能乱贴标签，如图2-17所示。

另一方面指的是是否要贴标签。如果你想让自己的笔记排名靠前，那么最好贴上标签，才会获得这部分的权重分。

6. 话题

其实，话题和标签对权重的影响是差不多的。先看话题的关联性，不要顾左右而言他；再看是否要加话题，加上话题后这部分的权重分就会相对较高。

值得注意的是，用户在选择话题的时候一定要慎重，因为话题的选择关系着后期流量在搜索中的索引问题。当用户选择的话题较弱时，距离搜索的流量就会较远。

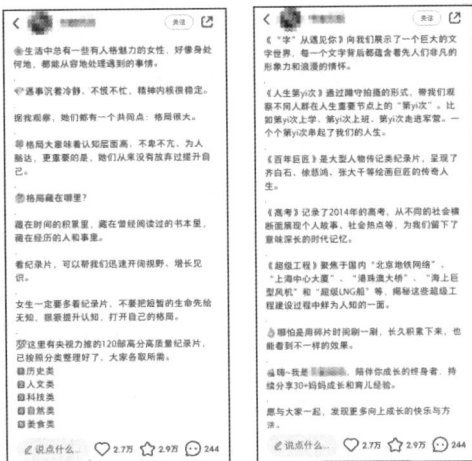

图 2-16 内容较多的笔记

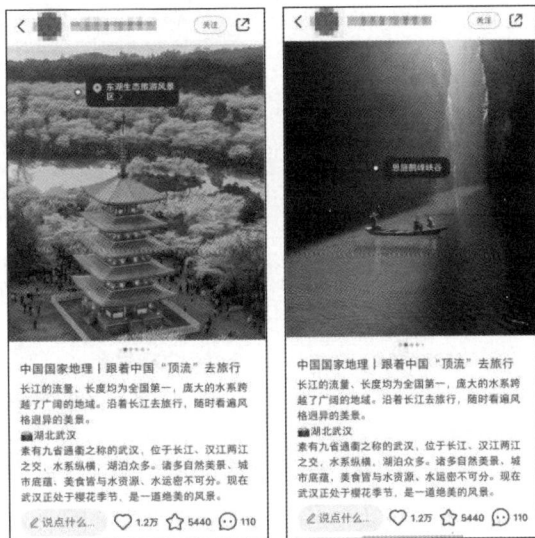

图 2-17 与内容相关的标签

7. 违禁词

不管是什么软件，都有着违禁词限流的情况，目的是保障网络交流的顺畅，小红书也是一样的。小红书中主要是评论区存在一些违禁词的问题。发布笔记的人可以将评论区中有着违禁词的评论删除，也可以进行举报。如果不采取措施，那么这篇笔记就会被直接限流。

2.3 遵循平台运营规则

要想玩转小红书 App，首先得了解小红书平台的运营规则，这样在发布内容的时候，就能尽量避免一些不必要的错误。本节便来看一下小红书平台的运营规则。

2.3.1 品牌合伙人规则

首先来说一下什么是品牌合伙人。品牌合伙人指的就是收到品牌方的邀请，在小红书内发布与品牌有关的商业推广笔记的小红书用户。图 2-18 所示为品牌合作的具体流程。

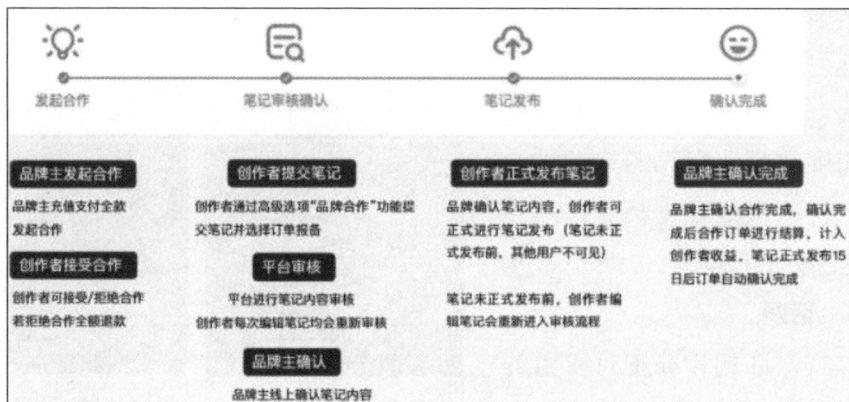

图 2-18 品牌合作的具体流程

目前，小红书已经将品牌合作平台升级成小红书蒲公英，并且在小红书蒲公英平台中还增加了信用等级评分。图 2-19 所示为小红书蒲公英平台的优势。

一般来说，用户想要申请品牌合伙人必须达到两个要求：一是账号的粉丝数量超过 5 000 人；二是近一个月笔记的平均曝光量大于 10 000 次。

目前，小红书蒲公英已经与 Tiffany&Co.、Sunnies Face、雪花秀等品牌达成了合作，如图 2-20 所示。

值得注意的是，博主要想与品牌进行合作，首先要开通专业号。图 2-21 所示为专业号开通流程图。

图 2-19　小红书蒲公英平台的优势

| Tiffany&Co. | Sunnies Face | 雪花秀 |

图 2-20　品牌合作

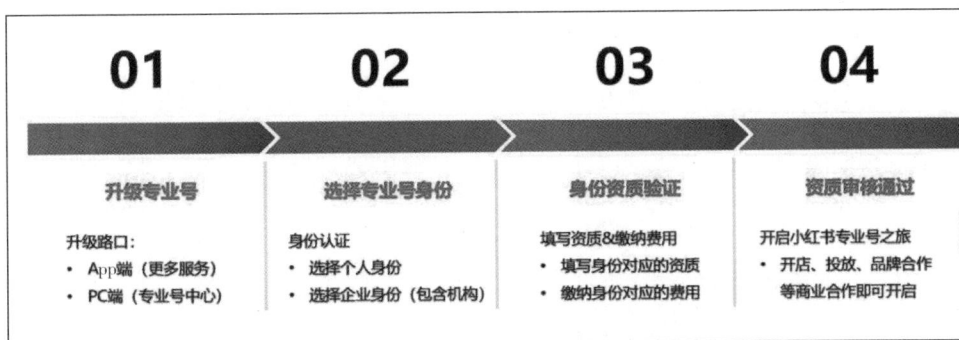

图 2-21　专业号开通流程图

专业号开通有两种身份可以选择，一种是个人号，另一种是企业号。专业号是在创作中心开通的，首先进入个人主页，然后点击上方的 ☰ 图标，如图 2-22 所示。执行操作后，选择"创作中心"选项，如图 2-23 所示。

图 2-22 点击相应图标　　图 2-23 选择"创作中心"选项

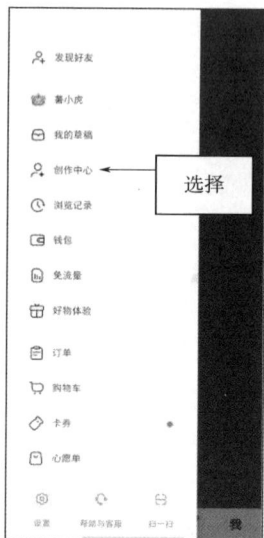

进入"创作中心"界面后，点击"更多服务"按钮，如图 2-24 所示；进入"更多服务"界面后，点击"开通专业号"按钮，如图 2-25 所示。

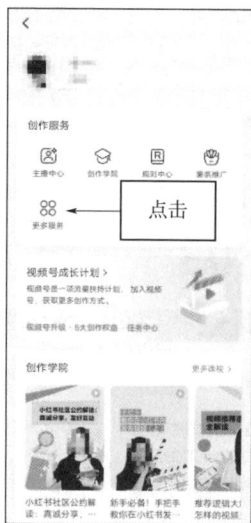

图 2-24 点击"更多服务"按钮　图 2-25 点击"开通专业号"按钮

执行操作后，进入"小红书专业号"界面，点击"成为专业号"按钮，如图 2-26 所示；进入"专业号申请"界面，①选择"我是「个人」"选项，②点击"立即申请"按钮，如图 2-27 所示。

执行操作后，进入"选择与你最相符的身份"界面，选择身份类型。以时尚博主为例，博主便可以选择"时尚"选项，如图 2-28 所示；执行操作后，选择"时尚博主"选项，点击"确认身份"按钮，如图 2-29 所示。

图 2-26　点击"成为专业号"按钮

图 2-27　选择"我是「个人」"选项

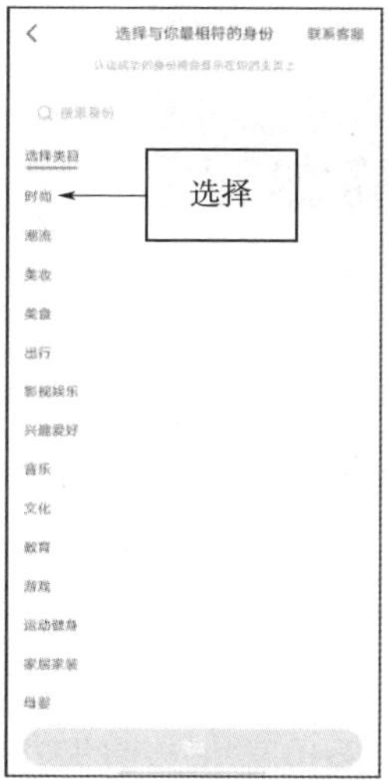

图 2-28　选择身份类型

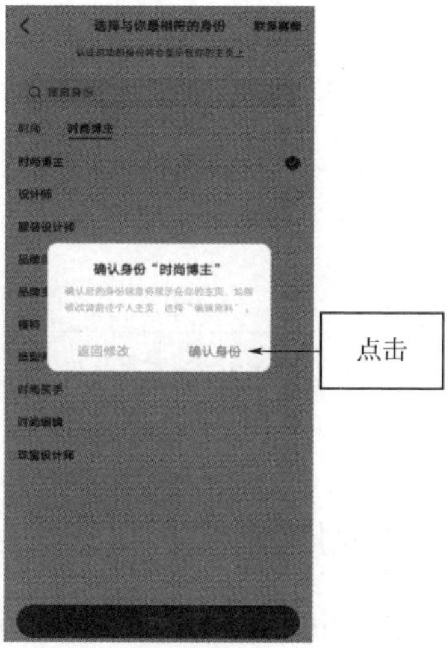

图 2-29　点击"确认身份"按钮

如果是特殊行业，如医生、律师等，则需要上传相关证件方可提交审核。此外，个人身份 30 天可以修改一次。如果是企业号，就在"专业号申请"界面中选择"我是「企业」"选项，但是企业号在身份认证过程中还需要对企业的资质进行审核，并缴纳一定的费用。如果选择的是推荐身份，则不需要进行认证并缴纳相关费用。

品牌合伙人还包含两种机制，一种是收录机制，另一种是延迟展示。下面来看一下这两种机制的具体内容。

1. 收录机制

一般来说，只有被收录的笔记才能够被用户搜索到，才有推荐量。文字图片类笔记和视频类笔记有着非常类似的收录机制。

文字图片类笔记指的是以图片＋文字的形式发布笔记，如图 2-30 所示。其收录机制通常是收录文字查找正文内容的第一句话。视频类笔记则指的是以视频＋文字的形式发布笔记，如图 2-31 所示。其收录机制主要是查找视频简介。

图 2-30　文字图片类笔记 　　　　图 2-31　视频类笔记

2. 延迟展示

笔记被推送后，往往在之后的几天里点赞量和评论量才会慢慢提升，并且会持续一段时间。

2.3.2　账号降权规则

想要让自己发布的笔记处于热门位置，账号的权重也是非常值得注意的。如果你的账号被降权了，那么你的账号会被限流甚至封号。

目前，小红书的降权规则主要包括两个方面：一是账号违规，主要包括一部手机登录多个账号、用户昵称涉及广告、头像违规或有个人二维码等。二是笔记违规，主要包括笔记内容存在广告、包含用户联系方式、涉嫌抄袭和存在转发抽奖等行为。值得注意的是，小红书官方还会针对这些行为定期地进行公示。那么，怎样避免出现这种情况呢？大家可以从以下三个方面来规避，如图2-32所示。

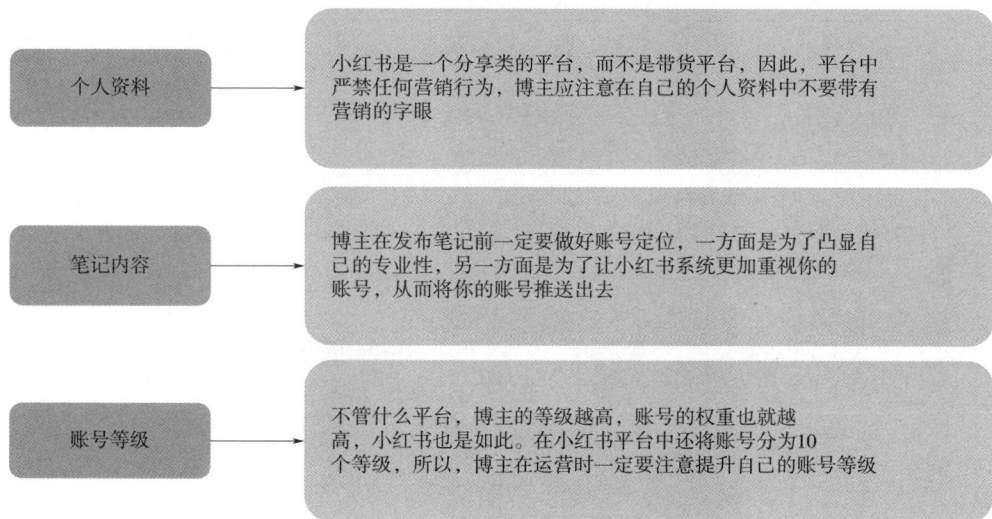

个人资料	→	小红书是一个分享类的平台，而不是带货平台，因此，平台中严禁任何营销行为，博主应注意在自己的个人资料中不要带有营销的字眼
笔记内容	→	博主在发布笔记前一定要做好账号定位，一方面是为了凸显自己的专业性，另一方面是为了让小红书系统更加重视你的账号，从而将你的账号推送出去
账号等级	→	不管什么平台，博主的等级越高，账号的权重也就越高，小红书也是如此。在小红书平台中还将账号分为10个等级，所以，博主在运营时一定要注意提升自己的账号等级

图 2-32　规避账号被降权的方法

2.3.3　账号限流规则

除了账号降权，还有账号限流的问题。如果你的账号被限流了，那么你所发布的笔记的热度和流量也上不去。账号限流有两种情况：一种是单篇文章被限流，另一种是多篇文章被限流。

怎么知道自己的账号被限流了呢？其主要表现在你原来笔记的内容或者数据消失了，并且新发布的笔记数据很差，曝光率不足。

小红书一直专注于做分享类的社区，因此，对于用户发布广告方面的管控是非常严格的。在小红书中，只有成为品牌合伙人才可以发布广告。如果你的账号经常发布广告，系统便会认定你的账号为营销号，从而会采取限制账号曝光度等措施，严重的甚至会被禁言、封号等，如图2-33所示。

亲爱的小红薯，你的私信违反了社区规范，被永久禁言

亲爱的小红薯，由于收到用户举报，你的私信中含有违反社区规范的信息，系统将对小红薯永久禁言。如有任何疑问，可通过更多-帮助与客服-账号申诉反馈~点击了解更多社区规范细则 →

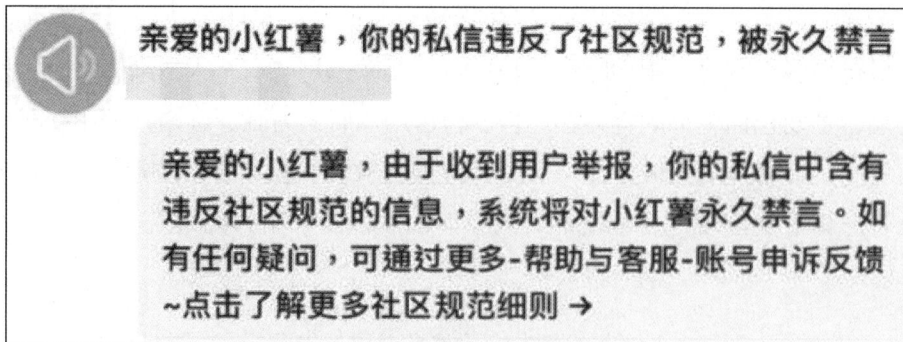

图 2-33　永久禁言公告

第**3**章
策划吸睛爆款选题

一个项目在立项之前往往需要确定一个方向，在采编方面我们可以称之为选题计划，而在小红书运营方面可以称之为选题策划。选择并策划出一个满足用户需求的选题，可以使你发布的笔记更快积累到人气。

3.1 把握选题策划的内容

什么是选题？选题策划的内容是什么？选题策划的步骤是什么？在了解热门选题之前，先来了解一下选题策划的相关内容，帮助你做出更符合用户预期的选题。下面来看一下选题策划的相关情况。

3.1.1 选题策划的含义

什么是选题呢？在出版行业，其指的是通过工作人员多次讨论、多方面分析、考量而确定的某个主题的项目；而在小红书运营方面，便是为你的账号发布的内容确定一个主题，并且你发布的所有内容都要与之相关，不可发布其他内容，否则不利于账号运营。例如，你确定的选题是旅游攻略，那么你的账号所发布的笔记最好都是这方面的内容，要保持垂直性。

有比喻说，选题是种子，是构建的蓝图，也是出版编辑工作的基础。同样，对于小红书账号运营来说，选题也是运营的基础。

如果没有选题，那么你发布的笔记便会没有结构层次，也没有整体计划，这样你发布的笔记也就不会爆，也就不会吸引到更多的用户。如果你只是想要分享自己的生活，并没有太多需求，那没什么；如果你想要打造爆款内容，吸引更多用户，并成功实现转化获利，不进行选题策划，那么你的目的是不可能达到的。

一般来说，按照不同的分类依据，选题有着不同的类型，如图 3-1 所示。

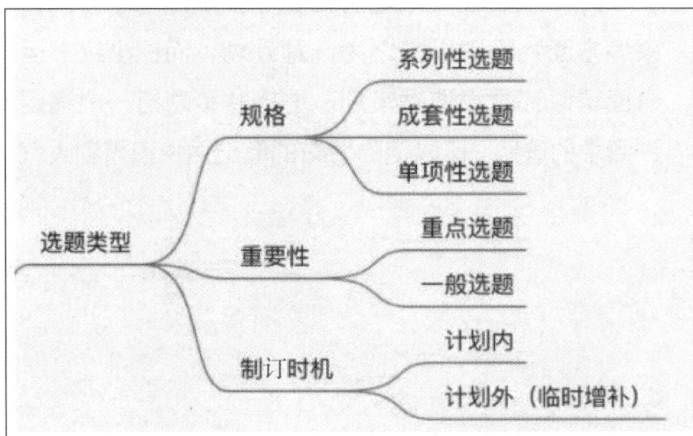

图 3-1 选题的类型

3.1.2　确定选题的标准

选题也是需要一定标准的，不是什么样的选题都可以使用的。其标准主要有五个方面，具体内容如图 3-2 所示。

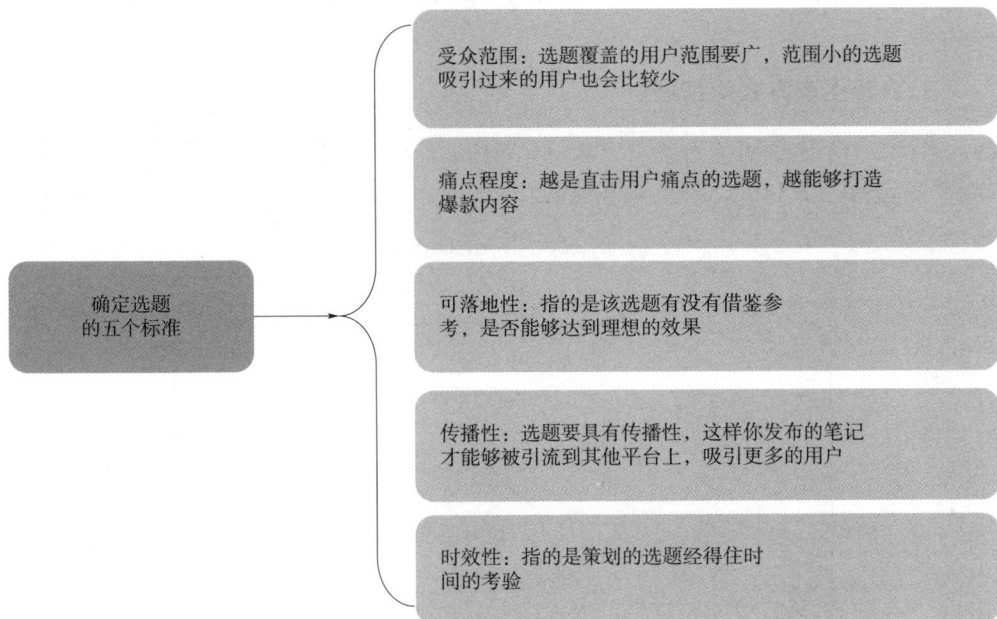

```
                              ┌─────────────────────────────────────────┐
                              │ 受众范围：选题覆盖的用户范围要广，范围小的选题 │
                              │ 吸引过来的用户也会比较少                    │
                              └─────────────────────────────────────────┘
                              ┌─────────────────────────────────────────┐
                              │ 痛点程度：越是直击用户痛点的选题，越能够打造  │
                              │ 爆款内容                                  │
                              └─────────────────────────────────────────┘
  ┌──────────────┐           ┌─────────────────────────────────────────┐
  │ 确定选题       │           │ 可落地性：指的是该选题有没有借鉴参          │
  │ 的五个标准     │──────────│ 考，是否能够达到理想的效果                 │
  └──────────────┘           └─────────────────────────────────────────┘
                              ┌─────────────────────────────────────────┐
                              │ 传播性：选题要具有传播性，这样你发布的笔记   │
                              │ 才能够被引流到其他平台上，吸引更多的用户     │
                              └─────────────────────────────────────────┘
                              ┌─────────────────────────────────────────┐
                              │ 时效性：指的是策划的选题经得住时            │
                              │ 间的考验                                  │
                              └─────────────────────────────────────────┘
```

图 3-2　确定选题的五个标准

3.1.3　选题策划的方法

在进行选题策划前，需要做好一定的准备，主要包括三个方面的准备，分别是了解内容的定位、了解用户的特点、内容生产方式的搭建，具体内容如下：

1. 了解内容的定位

一般来说，在运营一个账号之前，需要确定这个账号的定位，即确定这个账号产出的内容是哪方面的、面对的用户又是哪些等。了解了内容的定位，在策划选题的时候就需要做到与这个定位相关。

例如，你发布的是美妆类的内容，而你的选题却是科技产品类的，这是万万不能的。你的账号定位是美妆类，那么你的选题必须围绕美妆来展开。

2. 了解用户的特点

在运营账号的时候，你最需要关注的便是用户，了解用户的特点、痛点、需求、痒点。只有你发布的笔记满足了用户的需求，这些笔记才能够被用户喜欢。

当你刚开始做小红书运营的时候，在确定好你需要创作的内容后，便可以去找同领域的、比较热门的博主，找出其粉丝最为关注的方面，然后你就可以在这个方面创作内容，这样你发布的笔记才会吸引更多的用户。当你运营了一段时间之后，便可以开始尝试创新，然后分析相关数据及用户画像，再及时调整你创作的内容。

3. 内容生产方式的搭建

内容生产方式可以分为两种：分别是 UGC 和 PGC。图 3-3 所示为小红书 UGC 商业模式。PGC（Professionally-generated Content，专业生产内容）也称 PPC（Professionally-Produced Content）。

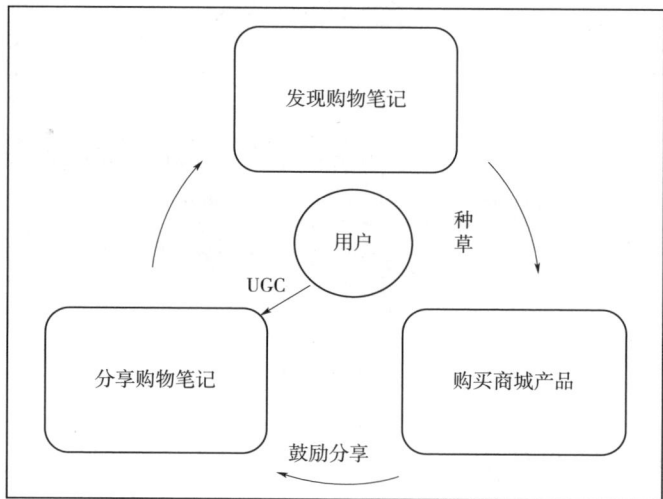

图 3-3　小红书 UGC 商业模式

3.1.4　积累选题的方法

有很多博主总能持续更新，仿佛灵感不会枯竭，其实主要是因为他们会积累选题，有了丰富的选题，才能够保持更新，这样用户也不会因为你断更而取消关注。一般来说，积累选题可以从两个方面入手，分别是从平台上找选题和从同类博主那里找选题。

1. 从平台上找选题

从平台上找选题又包括发现页刷笔记、搜索栏找热度、笔记灵感找灵感、官方账号蹭话题。下面便来看一下这些方法。

（1）发现页刷笔记

当用户点开小红书软件时，一开始便是发现页，如图 3-4 所示，因此，发现页中的笔记是最容易吸引用户目光的，也是积累选题的好地方。

一般来说，你在发现页中刷到某篇笔记主要有两个原因：一是因为大数据了解你的喜好，会根据你的喜好给你推荐笔记；二是因为你关注的博主或者你的粉丝刷到过该笔记。所以，在发现页中你可以很好地了解到粉丝的喜好。

值得注意的是，当你在发现页中不喜欢某一类笔记，或者想要让平台多推荐一些高质量且符合定位的笔记时，你可以通过在某篇笔记上长按，然后进行筛选和反馈，如图 3-5 所示。

图 3-4　发现页

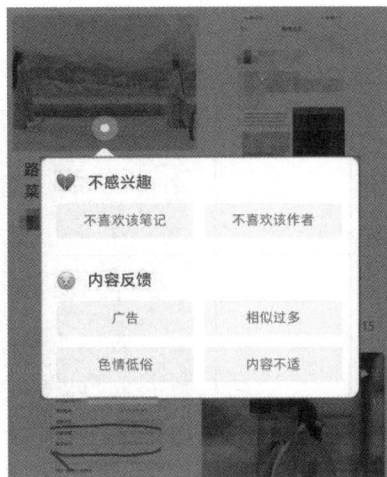

图 3-5　筛选和反馈

（2）搜索栏找热度

搜索栏其实是一个可以很好地了解某个话题的热度有没有下降的地方。当你想要选择某个话题的时候，你可以去搜索栏搜索一下。如图 3-6 所示，以汉服、旅行为例，在搜索栏中搜索这两个关键词，可以看到，在搜索栏中会出现很多的相关词条，而且还会告知用户这个词条的笔记数量，如汉服有 294 万 + 篇笔记，旅行有 1 750 万 + 篇笔记，其中，汉服话题还显示了选购人数。

值得注意的是，在搜索栏中，一般排名越靠前的，搜索的人数也越多。点开相关的关联词，便可以找到需要细分的话题，如点开汉服发型，便可以得到无发包汉服发型、中长发汉服发型、汉服发型教程等，如图 3-7 所示。

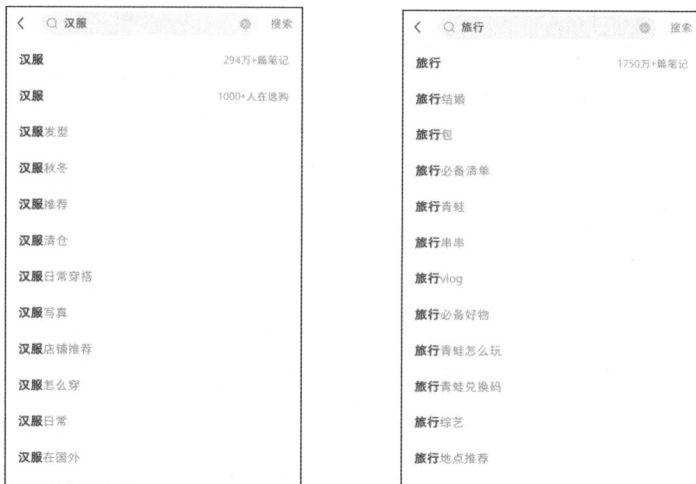

图 3-6　搜索栏

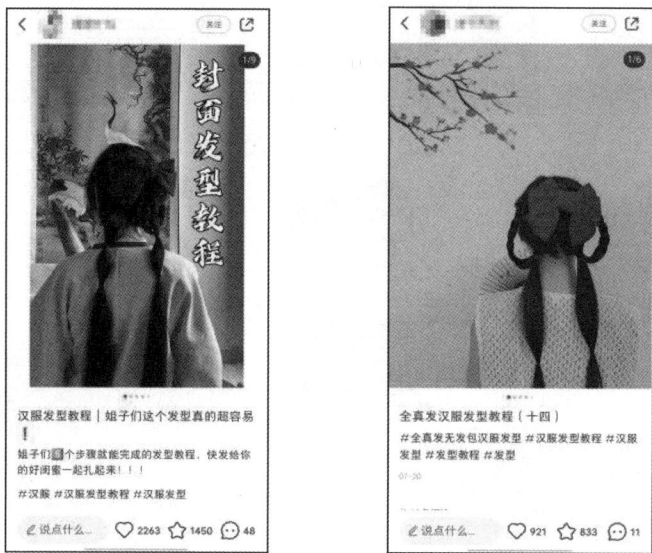

图 3-7　细分话题示例

（3）笔记灵感找灵感

当博主没有灵感的时候，可以去平台的"创作中心"的"笔记灵感"中找灵感，如图 3-8 所示。在"笔记灵感"中还包括官方活动，博主只要点击旁边的"发布"按钮即可发布相关的笔记。

（4）官方账号蹭话题

在小红书平台上有许多官方账号，如数码薯、家居薯等，如图 3-9 所示。

图 3-8　笔记灵感

图 3-9　官方账号

　　当你没有选题的时候，可以关注同领域的官方账号，一般这些账号都会发布优秀笔记案例或者一些有奖活动。图 3-10 所示为时尚薯发布的有奖活动。

2.　从同类博主那里找选题

　　从同类博主那里找选题可以帮助你提高内容的垂直度，也更容易了解用户的喜好。一般来说，从同类博主那里找选题又包括以下三个方面。

图 3-10　时尚薯发布的有奖活动

（1）参考同类博主

当博主不知道策划什么选题的时候，可以找和自己账号定位差不多的优质博主。如你的账号定位是微胖穿搭，那么你便可以找一些微胖穿搭类的博主，他们发布的笔记往往有着很大的参考价值。

但是，可以参考，不可以照搬抄袭。你可以通过组合法和替换法来找选题。下面来看一下怎么使用这两种方法。

● 组合法指的是先将同一选题下的几个题目拆解，然后提取其中的关键词，再进行组合。怎么实施呢？例如，以"一个月减肥"作为关键词，可以将其组合成各种标题，如图 3-11 所示。又如，以"寒假计划"

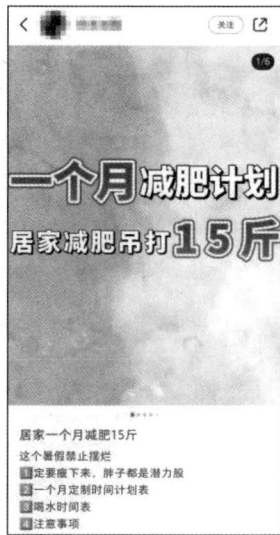

图 3-11　组合标题示例

作为关键词，可以组合为"寒假逆袭计划，快速与同龄人拉开差距""大学生寒假计划，让寒假最大化提升自己""学霸寒假计划表，让你弯道超车"等。

● 替换法指的是将一个原有的标题替换来用，如"这是王维诗里的 ×× 吗？"，这个句式原本出自一部动画，该部动画的主角主要是为了表达他送的红豆有着特殊的含义，即相思之意。现在很多博主便运用其中的含义来代表自己所创作的东西是特殊的，然后根据这个热门句式来创作标题，如图 3-12 所示。

图 3-12　利用热门句式创作的笔记

（2）借鉴爆款笔记

借鉴爆款笔记不仅仅是借鉴别人的笔记，也包括借鉴自己的笔记。你可以在自己的爆款笔记的基础上进行加工创新，然后创作出一篇新的笔记。那么，可以从哪些方面来进行创新呢？可以从以下两个方面来进行创新。

侧重点。同一个选题，侧重点不同，创作出来的内容也不同，如同是以下班后可以做的几件小事为选题，一个侧重点在于摆脱职场压力，而另一个侧重点在于提升自我，如图 3-13 所示。

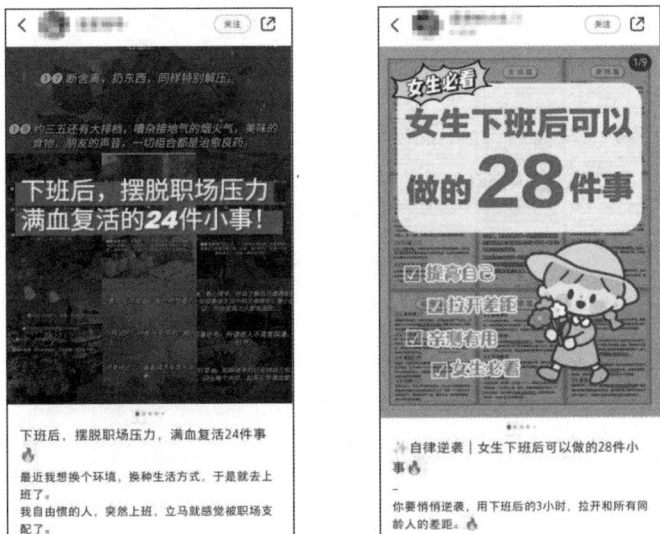

图 3-13　同一选题侧重点不同的示例

● 内容创新。同一个选题也可以进行内容创新，如干货分享类选题。图3-14所示为内容创新的示例。这两篇笔记的内容都是关于给大学生的建议的，一个是停止内耗，另一个则在原来的基础上进行创新，即给出具体的建议内容。

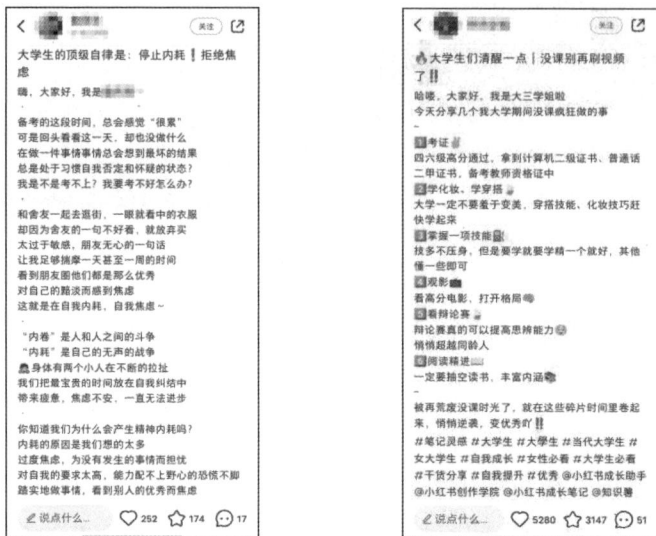

图 3-14　内容创新的示例

（3）记录热门评论

当博主发布一些内容的时候，可以在评论区引导大家互动，然后在热门评论中找到大家喜欢的内容再进行创作，这样便能够吸引更多人的关注，持续留住自己账号的用户。图3-15所示为记录热门评论的笔记。

图 3-15　记录热门评论的笔记

3.2 抓住热门选题方向

有了一个好的选题是一篇优质笔记的基础，往往一个热门的选题能够给笔记带来非常高的初始热度。本节就为大家介绍一下怎么抓住热门选题方向。

3.2.1 小红书热门话题

小红书作为一个分享型平台，以记录用户生活为核心，因此，在小红书平台中会存在各种各样的话题，选题方向众多。在思考如何选题时，可以参考已有的热门话题。

1. 女性类话题

在市场经济中，女性消费占比较大，对经济社会起着非常重要的作用。而小红书作为社交分享型平台且具有一定的消费功能，更能满足女性的消费欲望，因此，在小红书中女性是消费的主力军。图3-16所示为小红书中男女性用户比例。可以看出，女性用户比男性用户多得多。

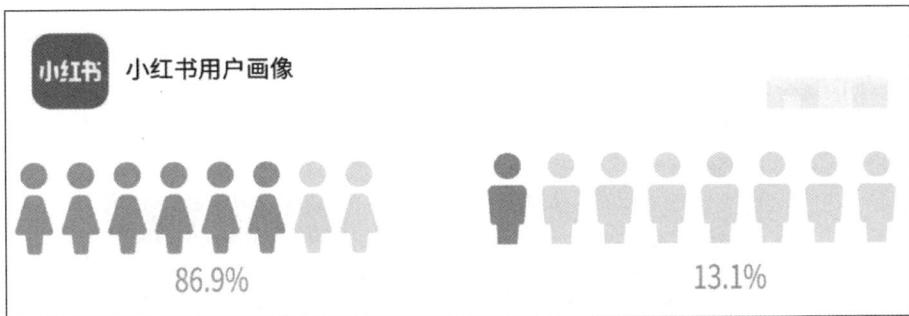

图 3-16　小红书中男女性用户比例

除此之外，在一个家庭中，女性往往扮演多种角色，且掌握消费决策权，也就说明女性的消费市场是一个潜在的广阔市场，所以，女性类的话题往往是热门话题。那么，有哪些女性类话题呢？

（1）彩妆

毫无疑问，彩妆必是其中之一。在小红书中，20~30岁的女性占据的比重较大，而彩妆是她们日常关注的重点之一。

一般来说，彩妆类话题的笔记主要包括四种：第一种是彩妆单品推荐类笔记，如图 3-17 所示；第二种是试色类笔记，如图 3-18 所示。值得注意的是，在小红书平台中，这两种笔记的同质化现象比较严重。

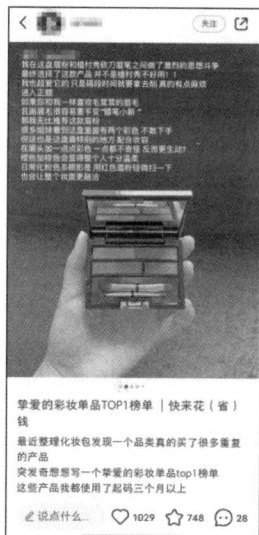

图 3-17 彩妆单品推荐类笔记

图 3-18 试色类笔记

第三种是仿妆类笔记，如图 3-19 所示。仿妆教程对博主的技能要求比较高。如果在仿妆类笔记中加入教程，则会吸引更多用户的关注。第四种是化妆教程类笔记，如图 3-20 所示。

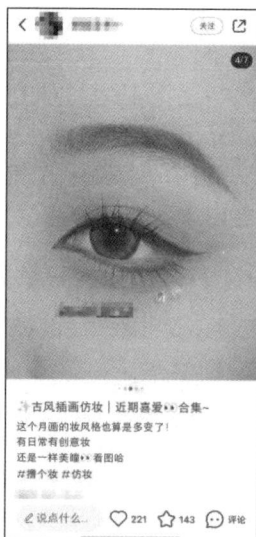

图 3-19 仿妆类笔记

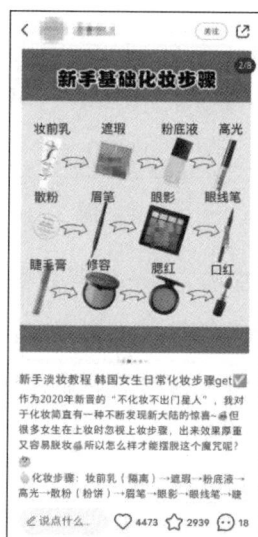

图 3-20 化妆教程类笔记

（2）护肤

护肤也是女性类话题中必不可少的。现在的女性越来越注重保养自己的皮肤，由此产生了许多护肤类笔记。

目前，在小红书开始中，护肤类笔记的话题一般有护肤单品的推荐、护肤知识的科普等，如图 3-21 所示。

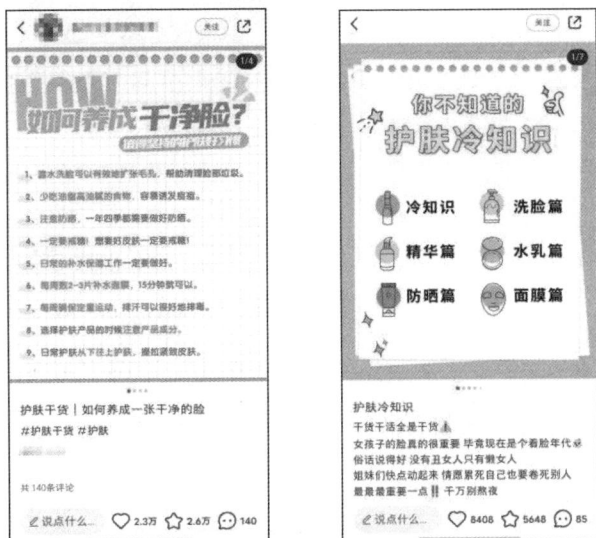

图 3-21　护肤类笔记

（3）美发

头发的打理也是女性关注的一个热门话题。每当女性出去游玩、约会的时候，她们往往会将头发的打理当作重要一环。

在小红书平台中，美发类话题一般有发型、编发教程、头发护理、烫染的设计等，如图 3-22 所示。

（4）时尚

时尚这个概念比较宽泛，有时尚单品、时尚穿搭等，可以根据其排行等相关信息，选取合适的关键词。

（5）减肥塑形

随着人们审美观念的不断变化，越来越多的女性加入减肥塑形的队伍之中，并且对于健康减肥的关注度不断提高。因此，在小红书平台中，减肥塑形类话题也是女性类话题中的热门话题之一。

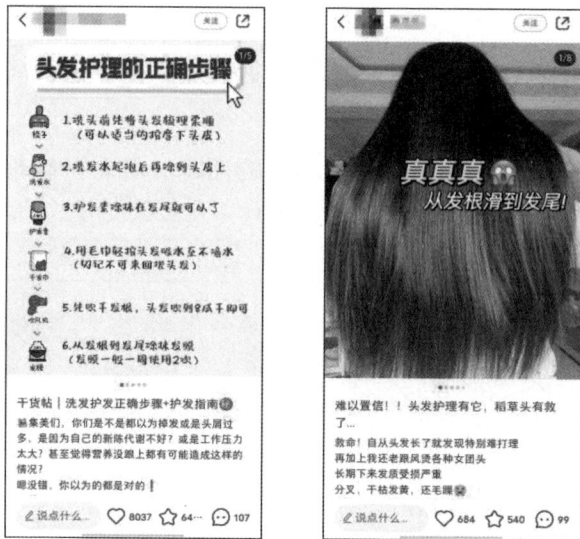

图 3-22　美发类笔记

除此之外，还延伸出了减肥技巧、减肥过程记录、减肥教程等话题，如图 3-23 所示。一些专业人士可以在小红书上推出减肥教程，非专业人士可以将自己的减肥过程记录下来。

图 3-23　减肥塑形类笔记

（6）穿搭

所谓衣食住行，衣是首位。透过一个人的穿搭往往能够看出这个人的性格。如今，越来越多的女性开始注重改变自己，不光在发型、妆容等方面，穿搭也在其中。

在小红书平台中，穿搭是一个比较热门的话题，连平台官方也开设了一个官方号，为用户推送相关的穿搭指南。目前，在小红书平台中，穿搭笔记的内容主要是各种各样的穿搭模板，用户可以根据自己的喜好进行选择。

2. 出行攻略类话题

随着经济水平的提高，人们的生活逐渐富足，越来越多的人会在假期选择外出旅游。而网络技术的发展给了人们能够在网络上搜索出行攻略的机会，在小红书平台中便有着大量的出行攻略。在小红书中，出行攻略类的热门话题主要有两个：一个是旅行，另一个是探店。

（1）旅行

很多小红书博主在旅行结束后，会将旅途中的风景分享出来，而这些优美的图片能够吸引更多的用户关注，如图 3-24 所示。此外，博主还可以将自己的旅行攻略发布出来，这样每当有用户想要去景点游玩之前，便可以搜索到这篇笔记，如图 3-25 所示。

图 3-24　旅行照片分享类笔记

图 3-25　旅行攻略类笔记

（2）探店

探店与旅行有相似之处，都是通过亲身体验，然后向用户分享自己的感受，提供种草或排雷的建议。

3. 学习技能类话题

在小红书上，学习技能类话题所占的比重也较大。那些能够帮助用户提升知识储备的笔记，也会引起用户的观看兴趣。

（1）工作学习

工作学习一般以干货类笔记为主，如工作计划、学习计划、日常学习、时间管理等，如图 3-26 所示。想要选择这类话题的博主最好拥有相关的理论知识，或者自身的经验、方法，然后根据自己的知识储备和经验来创作内容。

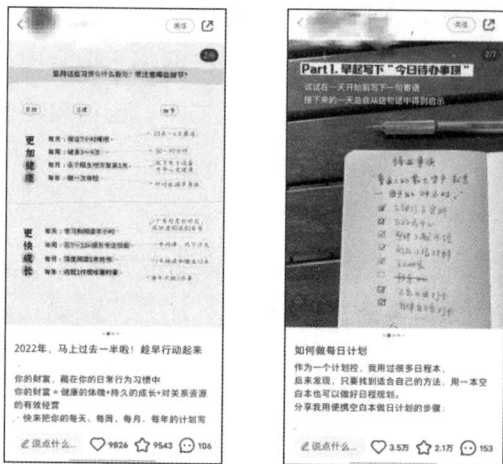

图 3-26　学习计划类笔记

这类博主最好在个性签名或者自我介绍中将自己学习或者工作的相关经验体现出来，这样其所发布的相关笔记才能更有说服力。

（2）读书笔记

读书笔记主要包括一些读书笔记的分享、书单推荐等，如图 3-27 所示。

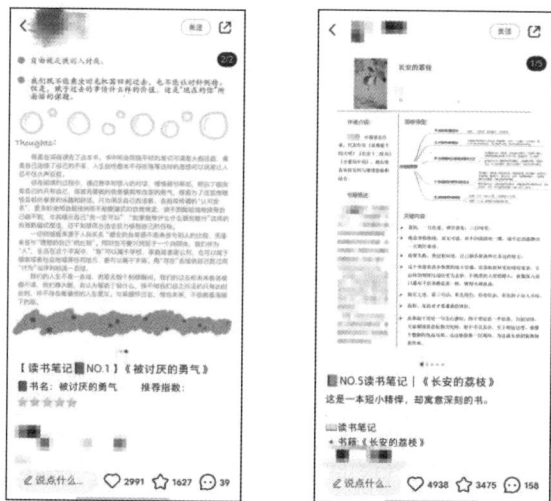

图 3-27　读书笔记类笔记

（3）手工制作

手工制作的领域很广，不同的分类下面又有着不同的种类。这类内容都要求博主具备一定的专业知识。

手工制作类话题本身就具有互动性和趣味性，而且简单的手工制作技巧也容易掌握。因此，一些喜欢手工制作且有一定手工制作能力的博主可以选择这类话题进行创作，如图3-28所示。

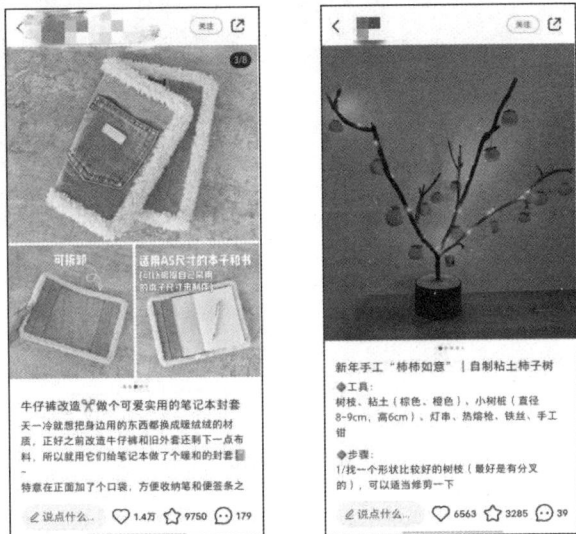

图3-28　手工制作类笔记

（4）摄影

在学习技能中，还包括摄影类话题。有很多摄影爱好者都会分享自己拍摄的作品，一些专业的摄影人员还会在平台上讲述自己的摄影技巧等，如图3-29所示。目前，摄影类话题在小红书平台上也有着较高的热度。

4. 娱乐影音类话题

娱乐影音类是大部分人喜欢浏览的内容，因此，在各大平台中，娱乐影音类话题一直都是用户关注的热门话题之一。在小红书中，娱乐影音类话题主要包括影视推荐、明星、音乐分享等。

（1）影视推荐

顾名思义，影视推荐就是将一些影视剧以视频、图文的形式分享出来。在小红书中，有的博主通过将热门电视剧、电影中的亮点剪辑出来，吸引用户观看，或者对近期热门的电视剧进行解读，如图3-30所示。

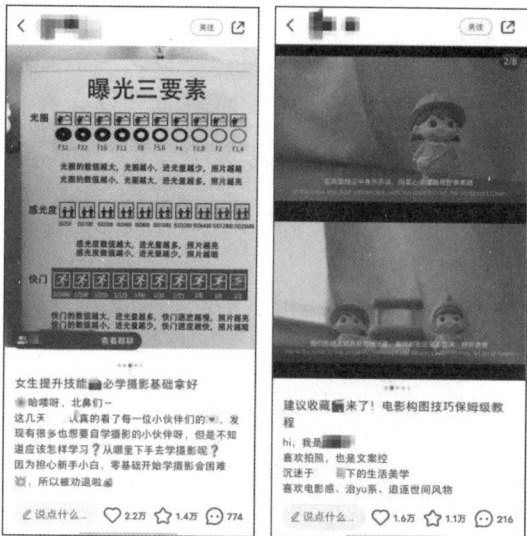

图 3-29　摄影类笔记

图 3-30　影视推荐类笔记（1）

除此之外，博主还可以将自己喜爱的或宝藏电视剧、电影、纪录片以图文的形式分享出来，如图 3-31 所示。

（2）明星

明星自带热度，不管是哪个平台，明星的入驻一般都能够带来一定的流量。因此，可以通过结合明星的一些相关元素来制造话题，如明星仿妆、明星同款等，如图 3-32 所示。

图 3-31　影视推荐类笔记（2）

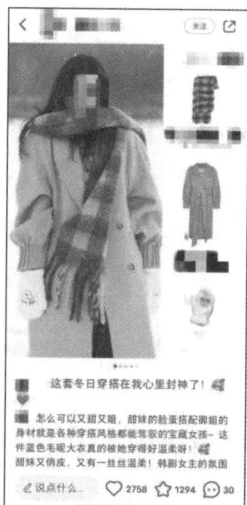

图 3-32　明星类笔记

（3）音乐分享

在娱乐影音类话题中，音乐分享也是一个热门话题，其中包括歌单推荐、主题歌单等，如图 3-33 所示。

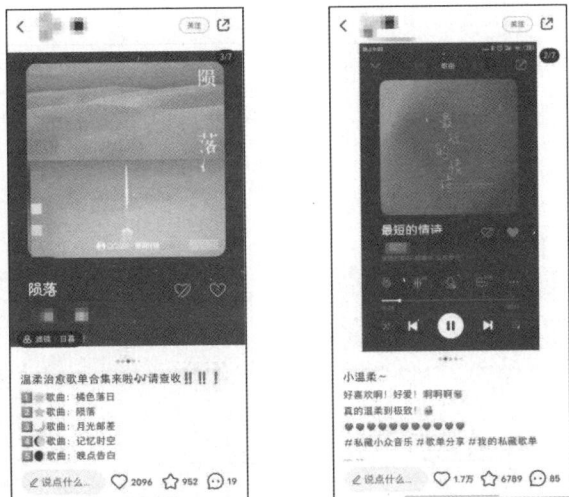

图 3-33　音乐分享类笔记

5. 科技电子类话题

科技电子类话题也是一个热门话题，主要包括科学实验、电子产品等。科学实验最好是生活中能够实现且安全性较高的实验，以防止出现安全问题，如图 3-34 所示。电子产品类话题要求博主对各类电子产品有一定的了解，专业性较强，如图 3-35 所示。

图 3-34　科学实验类笔记

图 3-35　电子产品类笔记

6. 生活记录类话题

小红书的宣传语便是"标记我的生活"，因此，在小红书中生活记录类话题是必不可少的，而且不管是学生还是宝妈都乐意在平台中分享自己的生活。目前，在小红书中，生活记录类的相关话题主要有以下六种。

（1）生活日常

生活日常类话题包含许多种类，也能够与其他话题进行合并，如工作日常、护肤日常等，如图3-36所示。

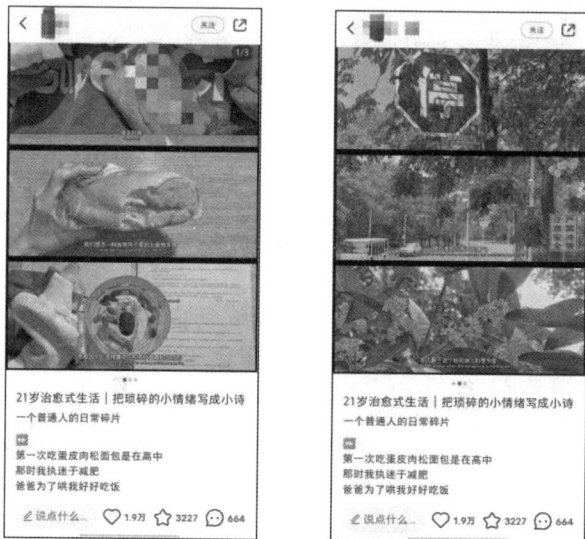

图3-36　生活日常类笔记

（2）晒娃日常

在小红书平台中，晒娃也是热门话题之一。随着亲子节目的走红及网络的快速发展，越来越多的父母喜欢将自己的娃娃展现在网络上。通过将娃娃可爱的、搞笑的瞬间发布出来，也能够吸引一大批用户的关注。

一般来说，这类话题主要是将自己娃娃的日常分享出来，但是，如果自己没有娃娃，则可以选择一些热门的萌娃视频进行剪辑。发布主题类的萌娃视频也能够获得用户的关注，如图3-37所示。

（3）宠物日常

一些喜爱宠物却又不打算自己养宠物的用户便会想要在网络上关注这一话题。并且，一些宠物的搞笑视频也能够很好地吸引用户的注意，如图3-38所示。

图 3-37　晒娃日常类笔记

图 3-38　宠物日常类笔记

（4）搞笑视频

搞笑视频一般都是热门的话题，大多数人都喜欢在放松的时候观看搞笑视频。一般来说，搞笑视频的形式有很多种，如影视剧的片段剪辑、自制的搞笑视频、搞笑对话的剪辑等，如图 3-39 所示。

策
划
吸
睛
爆
款
选
题

（5）家居装潢

家居装潢类话题主要包括租房改造、家居装修、家居好物推荐等，如图 3-40 所示。

图 3-39　搞笑视频类笔记

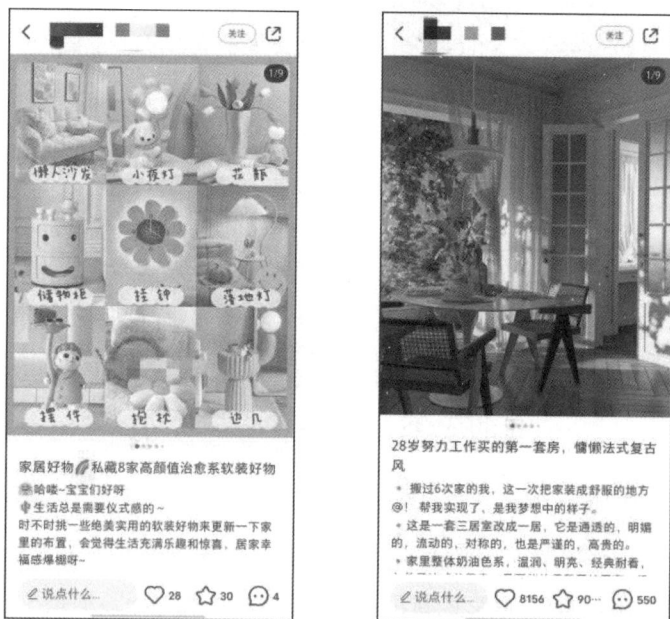

图 3-40　家居装潢类笔记

（6）生活妙招

除了以上五种热门话题，还有生活妙招。这类话题主要是干货整理类，其形式可以是图文、视频等。

7. 知识科普类话题

知识普及类话题比较广泛，可以是日常生活中的小知识普及，也可以是女性健康知识普及等，并且知识科普类话题也是人们比较喜欢的话题。下面就针对其中的一两个话题进行介绍。

（1）花草知识

花草知识算是知识科普中比较热门的话题，一些爱花的专业人士可以将相关知识发布出来，可以是花草种类的相关知识，也可以是花草种植的相关教程等，如图3-41所示。

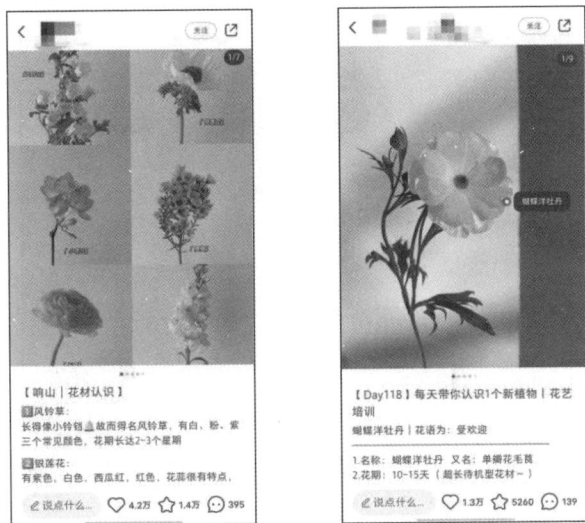

图3-41　花草知识类笔记

这类话题发布的文章有一定的价值，能让用户在观看后了解到相关的知识，并且遇到不懂的地方可以在评论区里讨论，既增强了互动性，又提高了热度，如图3-42所示。

（2）养生知识

随着人们的健康观念越来越强，越来越多的人开始关注自己的健康问题，并加入养生队伍。目前，养生知识也是一大热门话题，主要包括饭后养生、冬季养生、食补知识等，如图3-43所示。

图 3-42　评论区讨论

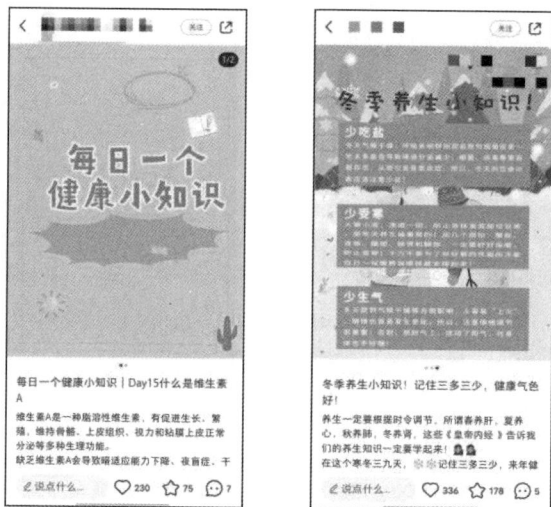

图 3-43　养生知识类笔记

3.2.2　在关键词中挖掘选题

在小红书中，关键词也可以作为选题的依据之一。当你选择在关键词中挖掘选题的时候，可以把以下三个方面当作切入口。

1. 搜索发现

在小红书的搜索界面中，下方会有一个"搜索发现"栏目，该栏目会向用户呈现近期搜索次数较多的搜索词条，如图 3-44 所示。

这类词条是小红书用户搜索次数较多的，因此，与之相关的笔记热度就会很高，且容易被系统推荐。

值得注意的是，"搜索发现"栏目里面的词条可能会根据个人的搜索习惯进行一定的调整。因此，在确定选题时，一定要多了解词条的具体热度情况。

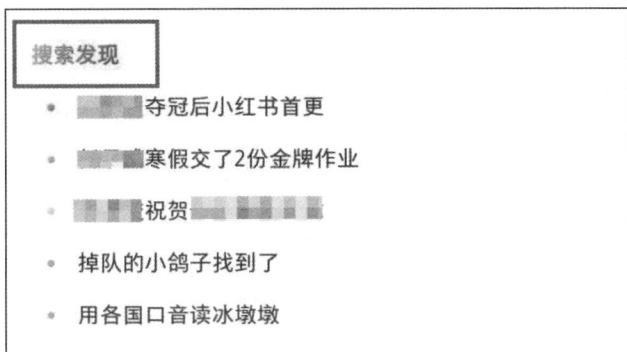

图 3-44 "搜索发现"栏目

2. 搜索框中的联想词

在很多平台中，当你在搜索框中输入一个关键词时，便会出现与之相关的联想词，如图 3-45 所示。

图 3-45 百度平台搜索框中的联想词

小红书也是如此，如图 3-46 所示，当输入"口红""旅行"等相关词条的时候，便会出现与之相关的联想词。

一般来说，这些词往往定位精准，当你点进这些词条的时候，所呈现笔记的内容主题都会是你搜索的词条。

图 3-46　小红书平台搜索框中的联想词

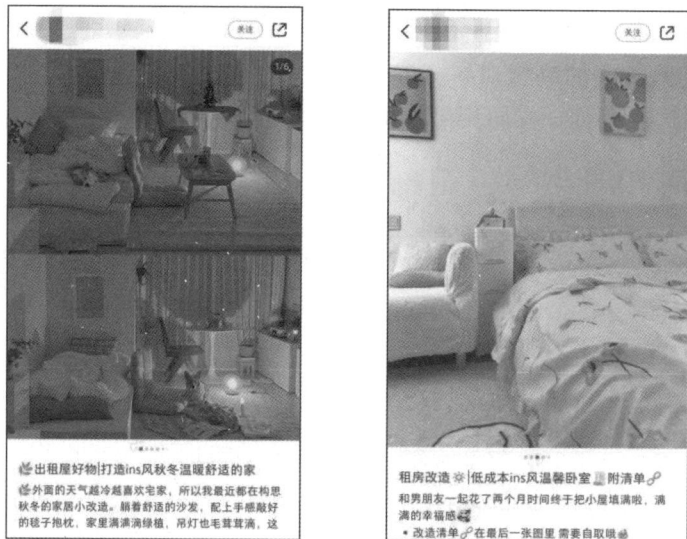

图 3-47　关键词细分案例

3. 细分关键词

在根据"搜索发现"栏目及搜索框中的联想词挖掘出需要的热门关键词之后，还可以对这些词进行细分。

例如，在"租房改造"这个关键词中细分出"租房改造ins 风"，如图 3-47 所示。将关键词细分后，缩小了选题的范围，能够更加精准地找到用户，相较于其他大范围的选题，竞争相对较小。

但是，在关键词中挖掘选题的时候，一定要注意两点，如图 3-48 所示。

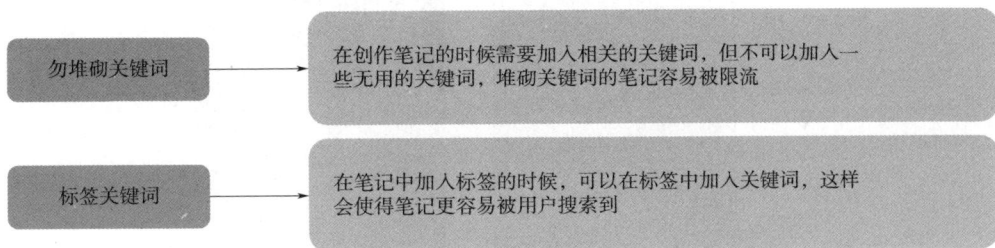

| 勿堆砌关键词 | → | 在创作笔记的时候需要加入相关的关键词，但不可以加入一些无用的关键词，堆砌关键词的笔记容易被限流 |
| 标签关键词 | → | 在笔记中加入标签的时候，可以在标签中加入关键词，这样会使得笔记更容易被用户搜索到 |

图 3-48　在关键词中挖掘选题时应注意的两点

总的来说，关键词是提高笔记热度的一种重要方式。挖掘出正确的关键词，再加上创新，一定会增加笔记的曝光力度。

3.3　需要注意的相关事项

在做一个选题的时候不能盲目去做，看到什么选题热门就去做什么选题，看到什么有创意、能够吸引用户也一股脑地去做，这些都是行不通的。在做选题的时候，还是需要注意一些事项的。本节便来看一下做创意选题时需要注意的相关事项。

3.3.1　以用户体验为基础

在服务行业中流行有一句话，即"顾客是上帝"，而对于小红书博主来说，用户也是非常重要的，运营好一个小红书账号的目标之一便是要给用户带去良好的观看体验和实用价值。因此，博主在运营小红书账号的时候，一定要提前思考你发布的笔记能够给用户带来哪些价值。

以护肤品的笔记为例，博主可从两个方面来发布内容：一方面，博主可以发布一些平价好用的水乳；另一方面，博主可以推荐一些专门针对某一问题的水乳，将自己的内容向实用化方面发展，因为只有具有实用价值的笔记才能够吸引用户的注意，如图 3-49 所示。

3.3.2　做与众不同的选题

一篇爆款笔记或一个大的 IP 一般有着一些共性，如笔记新颖，当然这个新颖不仅仅是指内容，还包括形式。值得注意的是，对于新手博主来说，前期最好以稳扎稳打为主，有了一定的粉丝基础后再进行创新。

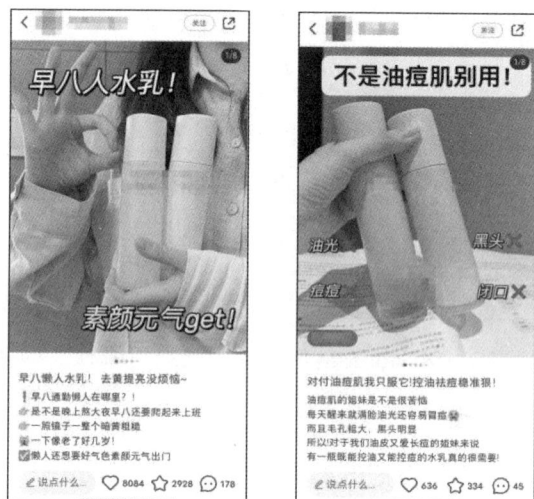

图 3-49　实用笔记

图 3-50 所示为做与众不同的选题示例。老君山一度在网络上爆火，很多博主都会去蹭热度，然后去老君山拍摄相关的美景、美图。但是这位博主独辟蹊径，创作出老君山与武功山对比的笔记，其中包括两者的地势、风景、交通、住宿、费用等。

图 3-50　做与众不同的选题示例

3.3.3　选择互动性强的题目

运营一个账号，最重要的是用户，有了用户的观看才会有收藏、点赞和评论，所以，在输出内容的时候，应该以用户为主，选择一些互动性强的题目，这样才能吸引用户前来评论，如图 3-51 所示。

图 3-51　互动性强的选题示例

3.3.4　避免出现敏感词

有些博主在发出一篇笔记后，不知道为什么数据非常差，评论、点赞的人数都比较少，但是之前发布的笔记的数据都比较好，便有可能是因为这篇笔记的标题或内容中涉及了一些敏感词。如果在一篇笔记中带有敏感词，那么平台便不会推荐流量，因此，笔记的播放量、浏览量便会非常低，甚至没有。

因此，博主在发布内容之前，首先要了解平台中的一些规则，了解哪些敏感词是禁止使用的，以便更好地规避这些词汇。

3.3.5　谨慎蹭热点

热门词汇虽然带来的用户多，但是竞争往往是非常激烈的，因为同一个话题被许多博主选用，用户便会出现审美疲劳，博主之间的竞争也会加大。而且热点往往是有时效性的，如果你花费的时间过长，可能就会错过时效，导致你发布的笔记无人问津。

针对一些可预见性的热门事件，如"双十一"、端午节、"双十二"等，可以提前做好准备，然后在适当的时间发布笔记，如图 3-52 所示。对于一些突发性的热点，则需要紧急制作，以防错过时效。

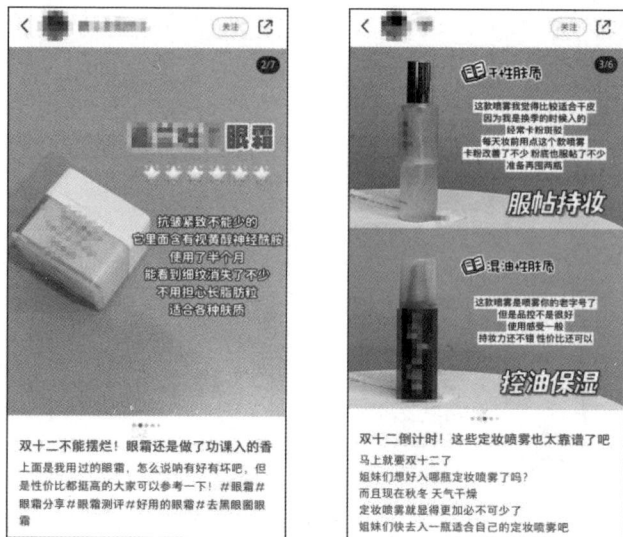

图 3-52　蹭热点的笔记示例

第**4**章
撰写标题文案秘诀

一个好的标题能够吸引更多的用户点击你的笔记，增加笔记的阅读量，而一个好的文案也可以帮助你留存更多的用户。因此，在运营一个小红书账号时，需要掌握一定的标题文案撰写技巧。

4.1 做好标题事半功倍

一个好的标题有很多作用，一方面为主题服务，能够细化主题，让用户一目了然，知道你这篇笔记中的重点是什么；另一方面为结构服务，让笔记主次分明、结构明晰。本节便来看一下做好标题的相关内容。

4.1.1 标题的重要性

我们都知道标题是非常重要的，但是体现在哪些方面呢？下面便来看一下标题的重要性体现在哪些方面。

1. 一张脸

一个好的标题就好像一篇笔记的一张"脸"。小红书软件中的笔记何其多，用户又不会一个一个认认真真地看。大多数用户通常都会先看标题，然后通过标题来确定这篇笔记是不是自己想要看的，再决定是否点进去观看。

小红书中有很多标题都一般，没有亮点、不够新颖，仿佛一张"大众脸"，这样的标题自然没有办法吸引更多的用户，即便笔记的内容很好、思路清晰，也被没什么新意的标题掩盖住了。

2. 一双眼

有些标题就像一双"无神眼"，也就是说这些标题都是以前用过的热词，或者沿用老套路，没有一点儿新意；有些标题则像一双"迷糊眼"，也就是说，这些标题往往不能很好地掌握笔记的中心思想，逻辑混乱。

在看电视剧时，我们会发现，眼睛有神的演员往往演出来的戏更好，眼睛无神的演员则会让人觉得很呆滞。笔记中的标题就好像一双眼，写得好的标题就像有神的眼睛，会吸引更多用户观看；但是，呆滞的眼睛则会劝退很多用户。

图 4-1 所示为两篇旅游攻略类的笔记。左侧笔记的标题比较笼统，就像一双"无神眼"，没有突出重点，沿用老套路，因此，吸引的用户比较少；而右侧笔记的标题重点突出，能够挖掘精准用户，因此，这篇笔记的数据相对较好。

3. 一层金

一个好的标题就好像给笔记镀了一层金。一个好的标题会先提炼出笔记中的关键，再用简洁的语言讲述出来。因此，博主一定要在标题的撰写上花费足够多的功夫，确保能够撰写一个好的标题。

图 4-1　两篇旅游攻略类的笔记

用户在打开小红书 App 时，首先看到的都是发现页上的内容，但是我们认真看便可以发现，在这个界面中，每篇笔记出现的都是标题，正文并不会被展示出来，所以这个时候，标题好不好就决定了这篇笔记的点击率。如果你的标题足够吸睛、符合用户需求，用户便会毫不犹豫地点击观看你的这篇笔记。

值得注意的是，一个好的标题还有着以下三点作用，如图 4-2 所示。

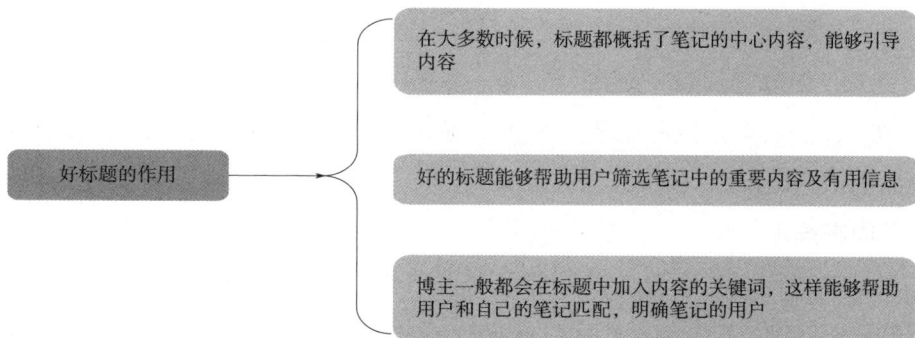

好标题的作用	在大多数时候，标题都概括了笔记的中心内容，能够引导内容
	好的标题能够帮助用户筛选笔记中的重要内容及有用信息
	博主一般都会在标题中加入内容的关键词，这样能够帮助用户和自己的笔记匹配，明确笔记的用户

图 4-2　好标题的作用

4.1.2 好标题的来源

了解了标题的重要性，那么，一个好的标题是怎么来的呢？好的标题不会像自来水一样，你想要的时候就会有，而是需要不断打磨、不断积累的。下面便来看一下好标题从何而来。

1. 做笔记

做笔记是做好标题的基础，只有多做笔记，你在拟写标题的时候才能更加顺畅。值得注意的是，做笔记不仅仅要求你做笔记，你还需要做好以下三个方面。

（1）多看书

"读书破万卷，下笔如有神"，其意思是书读得多了，在写作时便会文思泉涌，写出许多精彩的句子。同样，作为博主，也需要多看书、多积累，这样在拟写标题的时候便能够更加顺畅。

博主可以多去看看相关博主写的标题，也可以多看看相关书籍，然后将其中好的观点、标题记录下来。

（2）多留心

很多的宣传标语、路边的文化栏、电视上的广告语等都是工作人员精雕细琢出来的，博主可以多留心这些标语，多学习，吸取其中的精华。

（3）多观察

一般来说，隔一段时间便会出现一些新的网络段子、流行词等，博主可以多用心观察这些段子，收集并整理一些符合自己账号定位的流行词，然后将其加入拟写的标题当中。

2. 多思考

要想拟写一个好的标题就需要多思考。怎么思考呢？

首先，你需要围绕主题进行思考，你要全面掌握整篇笔记的内容层次、主题思想等，然后再去拟写标题。图4-3所示为围绕主题拟写的标题示例，左侧的标题侧重的是打开女性观众的眼界和格局，而右侧的标题则围绕的是女生暑假逆袭的电影推荐。

其次，你可以先看看他人的笔记再来思考怎么拟写标题。如你可以按照同类型的笔记示例，看看有没有可以借鉴的，如语句格式等。

最后，你还可以通过捕捉灵感来进行思考。一般来说，我们想到冬天的时候，有的人会联想到下雪，有的人则会联想到羽绒服，可能只是一瞬间的想法，有时候也能创作出一个非常好的标题。

有可能你在看一部电视剧、读一本书的时候便会灵感爆发，然后在脑海中闪现几句优美的句子，那么你便可以记录下来，然后等你需要的时候再用。而且在你联想的时候，你可以抓住这一瞬间的灵感进行思考，说不定你便可以拟写出一个优质的标题。

3. 多练习

不管你做什么，如写文章，光想想是不够的，你得去做，你得去写，只有写了你才知道自己的水平在哪个层级，你才能不断地改进。

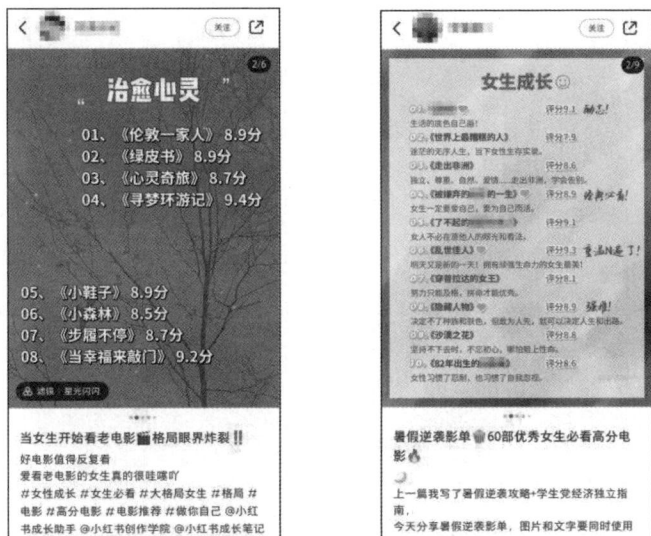

图 4-3　围绕主题拟写的标题示例

当你拟写了一个标题后，你还得多问问身边人的意见，然后勤加练习，这样以后你在撰写标题的时候才会更加得心应手。

4.1.3　标题的注意点

标题的好坏直接影响到笔记内容的推荐量，以及产生爆文的可能性。在撰写标题的时候，有几个方面是需要注意的。

1. 不要重复

标题最好不要重复。因为你撰写的标题都会通过平台的算法进行推荐，此时平台便会查看标题是否重复。如果标题重复，那么这篇笔记被推荐的概率会大大降低。

2. 单段标题

虽然简略的标题很好，但是从推荐机制来看，单段标题被推荐的概率比较小，因此，博主可以多撰写一些两段或三段标题。值得注意的是，标题最好不要太长，否则用户在推荐页面上是无法通过标题了解这篇笔记的中心内容的，他们也就不会想要点开这篇笔记了。

如图 4-4 所示，在小红书中搜索相关关键词，如穿搭和旅游攻略，可以看出平台推荐的、比较热门的笔记大都有两段或三段标题。

图 4-4　相关关键词的笔记

3. 不要涉及太多领域

在撰写标题的时候，要注意标题不要涉及太多领域，这样不仅会模糊账号的定位方向，不利于保持账号的垂直度，而且如果堆砌了太多的词条，会让系统很难判定你的领域，笔记被推荐的概率便会降低。

4.1.4　不同领域的标题撰写技巧

针对不同的领域制作标题是一些小小的差异的，主要是因为想要表达的重点不同。下面便来看一下以下五个领域中撰写标题的技巧，帮助博主更快、更好地撰写标题。

1. 美妆护肤类

用户之所以会观看美妆护肤类的笔记，主要是因为他们想要变美。那么，博主在撰写标题时便要更好地满足用户的爱美之心，将自己的美妆技术及护肤技巧毫无保留地告诉用户，这样才能吸引更多的用户关注。

一般来说，美妆护肤类的标题最好能够戳中用户的痛点，并且表现出前后的巨大反差，如"我惊呆了！最适合新手的妆原来这么化！""新手化妆步骤丨入门级教程丨再学不会算我输！"。

图 4-5 所示为两篇美妆类笔记。左侧笔记的标题突出了化妆前后的巨大反差，而右侧笔记的标题则戳中了用户的痛点。

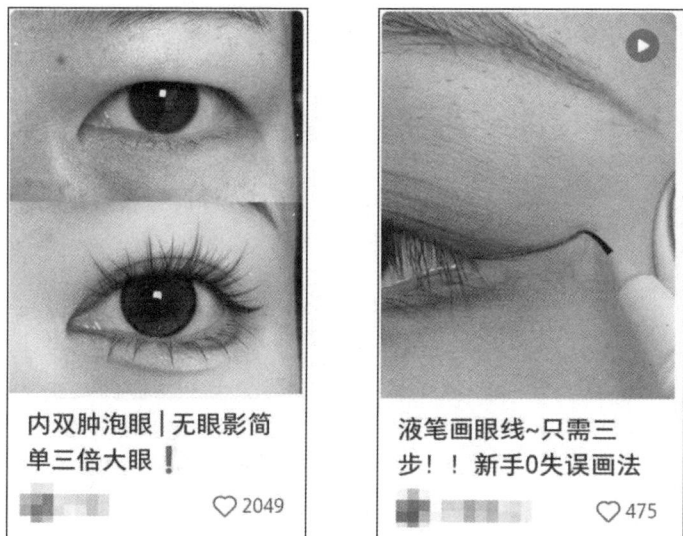

图 4-5　美妆类笔记示例

2. 穿搭类

用户观看穿搭类笔记主要是因为自己不会搭配，因此，他们便会找一些与自己身材维度相类似的博主来提高自己的穿搭水平。因此，穿搭类笔记的标题最好突出博主的身材维度，还可以添加一些显瘦、显高、高级感等词汇，如图 4-6 所示。

3. 科技数码类

科技数码类笔记的标题最好突出产品的实用性，如"推荐一个随身 Wi-Fi，学生的福音""不看后悔！！！刚需，可以闭眼入手的手机总结"。图 4-7 所示为突出实用性的标题示例。

4. 知识类

知识类笔记的重点在于干货。博主需要向用户输出学习干货、学习工具等内容，这时便突出了这些干货的重要性，如"学霸都在用的五步学习法！""拒绝摆烂，一个月掌握就业技能！"。图 4-8 所示为知识类笔记示例。

5. 家居装修类

家居装修类的笔记一般包括出租屋改造、电器添置、家具入手等内容，因此，博主在拟写标题时可以从这些方面入手，如"一镜到底｜一个月改造的 30 平小公寓""低成本出租屋改造"。图 4-9 所示为家居装修类笔记示例。值得注意的是，家居装修类笔记一般以视频笔记居多，主要是为了展示装修的具体情况。

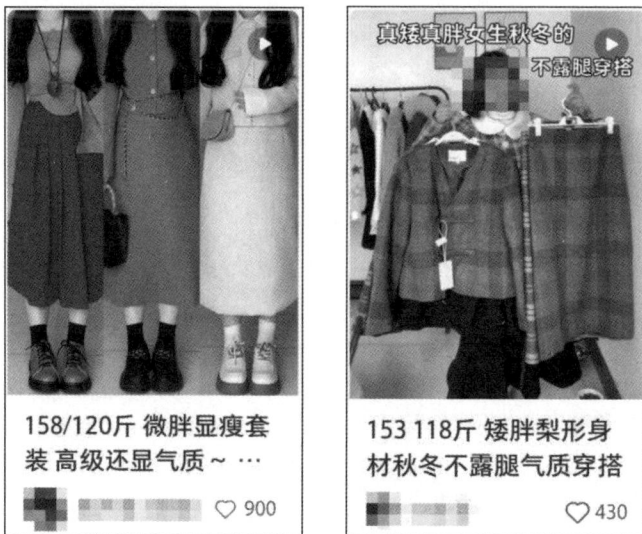

图 4-6　穿搭类笔记示例

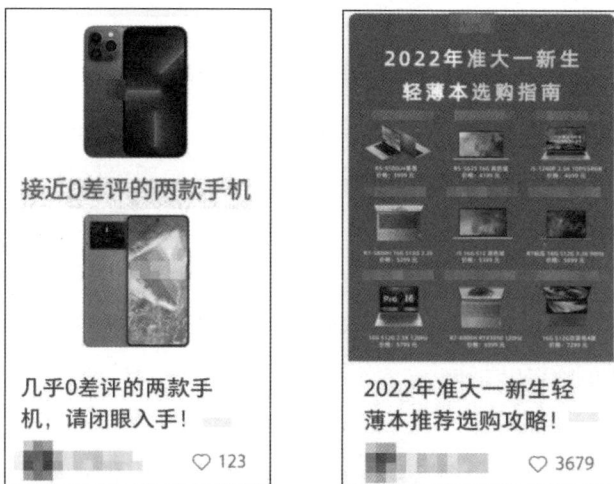

图 4-7　突出实用性的标题示例

图 4-8　知识类笔记示例

图 4-9　家居装修类笔记示例

4.2　完善爆款标题模板

当你实在没有灵感，也写不出想要的标题的时候，你可以套用一些爆款标题的模板。一般来说，爆款标题都有一定的模板，参考这些模板并加上自己的创意，你一定会撰写出许多爆款标题。本节便来看一下爆款标题的一些模板。

4.2.1 利用数字

我们在形容重量、数量的时候，通常会使用数字，数字能够带给用户一种直观的感受，而且准确的数字还能够增强笔记内容的说服力。

不管是直播间标题还是笔记标题，利用数字都能够很好地吸引用户的注意力，主要是因为数字是一个简单的文字，普及面也非常广。而且数字型标题是标题模板中比较常见的，有着高辨识度，也更具象化，更能够引起用户的关注。

那么，常见的数字型标题有哪些呢？下面便来看一下常见的数字型标题的基本模板。

1. 人群＋必须／一定……＋数字……

这类标题能够精准地细分人群，也可以说是一个人群细分标签，当符合这类标签的用户看到这类标题的时候，便会感觉这篇笔记适合自己，便会忍不住点进去观看，如图4-10所示。

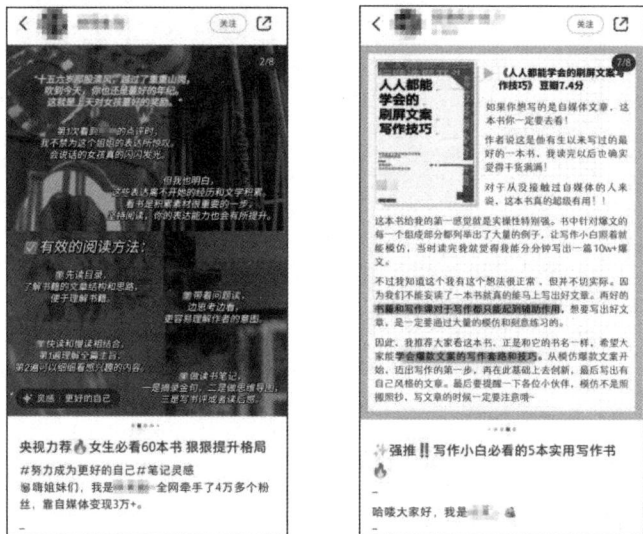

图4-10 "人群＋必须／一定……＋数字……"标题示例

然后加上必须、一定之类的副词，可以提高用户观看的紧迫感，让用户觉得不看便会很亏。最后再加上数字，例如："新手小白必须掌握的6个摄影技巧。""新手选电脑，一定要注意这3个方面。""职场新手必备的10个办公小技巧。""大学新生必须要做的4件事"

2. 数字 + 如果……+ 那么……

这种标题模板主要先说数字，然后加上一个条件，最后再向大家展示结果。例如："长沙 4 大必打卡点，如果你去，那就会爱上！""面试 3 大禁忌，如果避开，那么你会收 Offer 收到手软！""减肥 4 大秘诀，如果你去做，那么你将快速瘦下来！"

3. 数字 + 技巧 / 指南 + 好处

这种标题模板不仅仅有数字，还加入了相关的技巧、指南，以及用户可能得到的好处，这样的标题会更吸引用户，如图 4-11 所示。

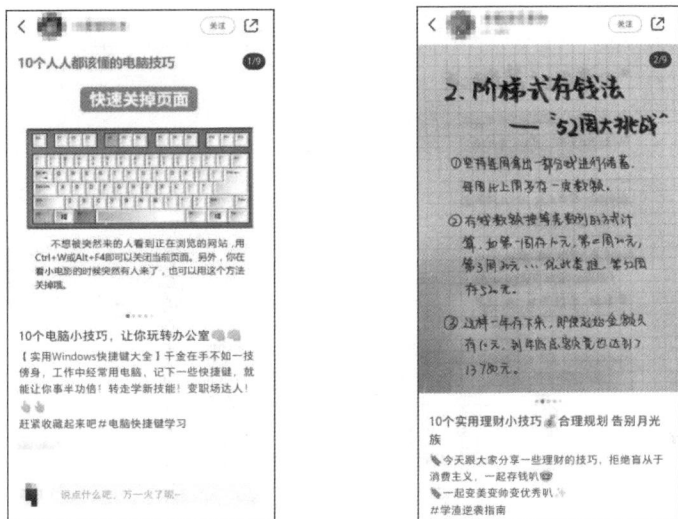

图 4-11　"数字 + 技巧 / 指南 + 好处"标题示例

4. 数字 + 数字 + 超值的好处

除了可以使用一个数字，我们还可以尝试叠加数字，但是数字不可过多，否则数字型标题便失去其优势。例如："掌握这 4 大技巧，2 个原则，你也可以轻松打造爆款笔记！""3 个口诀，4 套衣服，你也可以掌握清冷感穿搭。""4 大技巧，3 分钟内让你告别音痴。"

5. 数字 + 如何变成 + 变成

这种标题模板主要用于那些减肥类笔记，例如："微胖 120 斤，如何瘦腰，变成小蛮腰？""30 天不节食，如何瘦成筷子腿？"这种标题制造了一种冲突，如在后面这个标题中，先说不节食，然后又说要瘦成筷子腿，这样便能很好地激发用户的好奇心，用户便会迫不及待地点进去观看。

6. 人群标签 + 最不希望 + 数字 + ……

这种标题模板虽然看起来比较复杂，但事实并非如此。这种标题先说明具体的人群，再说明他们最不希望看到的一些事情。例如："老板最不喜欢员工的2大习惯！"

4.2.2 利用名人

要想让自己的标题成为爆款，让自己的笔记上热门，有一种办法能够实现，那便是利用名人效应。名人一定是在某个领域中有一定威望的人，如一些文学家、企业家等，他们说的话往往会让用户更快相信。

值得注意的是，名人所指的对象也发生了变化，现在的名人也指一些当红的明星和演员等。

一般来说，利用名人主要有两种方式：一种是直接在标题中加入名人的名字；另一种是使用名人名言、名句作为标题。如图 4-12 所示，博主分别运用了知名企业家乔布斯的名句作为标题。

图 4-12 利用名人名言标题示例

4.2.3 利用对比

如果在标题中安排比较明显的数字对比或逻辑对比，则会给用户带来一种强烈的反差感，因此，也能在一定程度上吸引用户的关注，提高笔记的阅读量。

如图 4-13 所示，崩溃与自愈，焦虑与努力，通过对比来展现生活的困难，进而克服困难。

值得注意的是，有的博主发布的笔记内容是测评，那么他们的笔记势必会涉及各种各样的产品。因此，他们便可以针对同一品牌的不同产品进行对比，或者针对同一类产品进行对比，如图 4-14 所示。

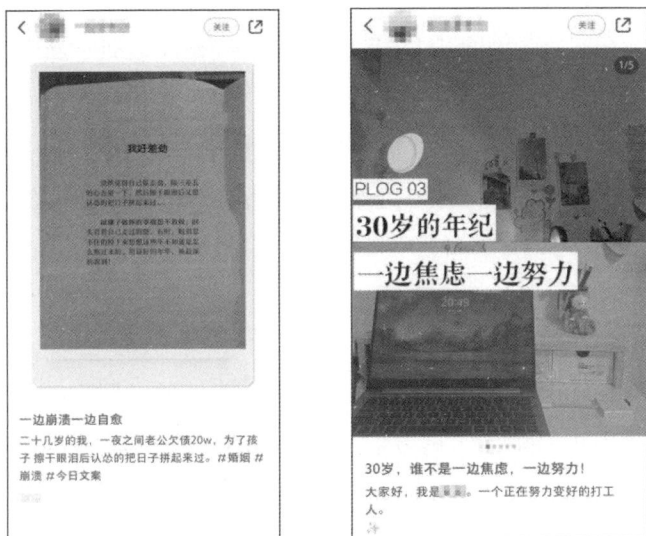

图 4-13　利用对比标题示例

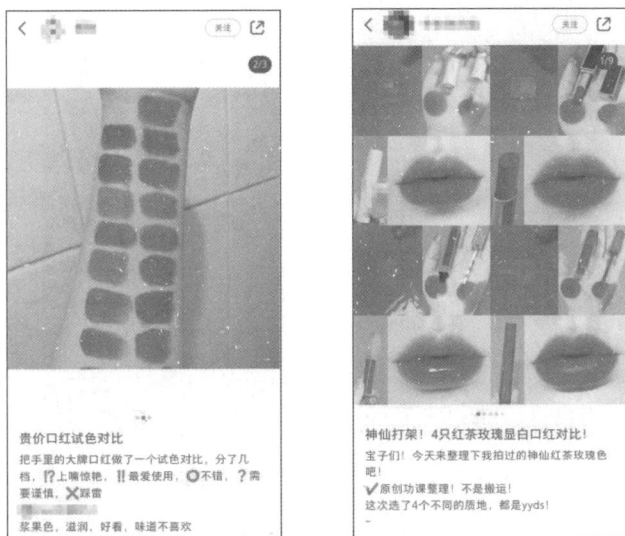

撰写标题文案秘诀

图 4-14　针对同一类产品进行对比标题示例

通过同类对比，可以更加突出自己产品的优势，进而加深用户对自己产品的印象。但是，同类对比也分为带有功利性的对比和不带有功利性的对比。带有功利性的对比通常就是前面所说的，通过将同类产品进行对比，然后向用户介绍产品的优点与缺点，如不同品牌、不同价位的空调一小时的耗电量对比；而不带功利性的对比则不刻意地突出某一产品的功能，如盘点同一美食在不同地方所呈现的味道、盘点历史上著名的武将等。

值得注意的是，同类对比的产品大都有某些相似之处，如价格、性能、特色等，分条逐列地将对比展示出来。

另外，比对式标题中还可以加入悬念式标题的手法，能更加凸显标题的特色，吸引用户的注意力。例如："为何别人就可以轻松工作，而我却总是加班呢？"

4.2.4 利用痛点

我们在撰写标题的时候，还要学会利用痛点、满足用户的需求，这样才有可能吸引更多的用户。例如，许多用户在第一次购买汉服的时候，可能不知道怎么穿，便会在网络上搜索相关的教程，而博主便可以利用这个痛点发布汉服穿衣教程的笔记，如图 4-15 所示。

图 4-15　利用痛点标题示例（1）

又如，很多用户担心自己买到的手机是翻新机，便想要去验机，而自己又不知道怎么验机，便会在网络上搜索，如图 4-16 所示。

图 4-16　利用痛点标题示例（2）

4.2.5　利用悬念

利用悬念的标题能够很好地激发用户的好奇心，让他们忍不住想要点开笔记去了解笔记正文的内容，因此，这是一种非常好用的标题模板。图 4-17 所示为利用悬念标题示例。

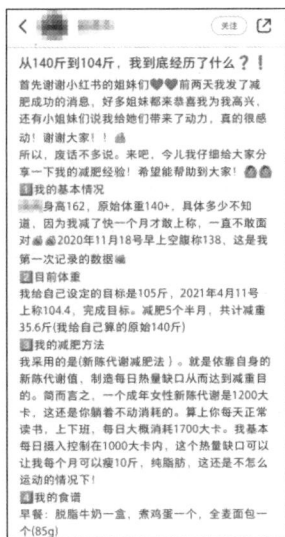

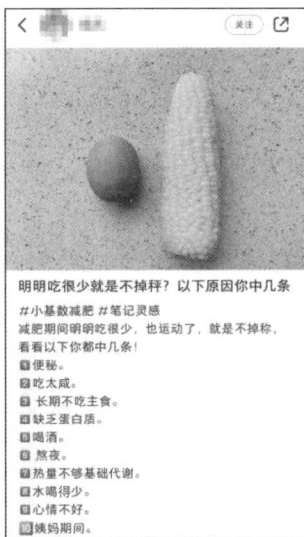

图 4-17　利用悬念标题示例

值得注意的是，在撰写悬念型标题时，一定要注意分寸，否则很容易被系统判定为标题过于夸张。

4.2.6　利用问句

提问也是标题表达的形式之一，通过问句可以让用户带着思考点击笔记。如果用户看到标题后发现回答不了问题，便会想要点开查看。下面来看一下三类利用问句的标题。

1. 疑问句式

疑问句主要有四大句型，分别是一般疑问句、选择疑问句、特殊疑问句和反义疑问句。使用疑问句式做标题，能够很好地引起用户的兴趣及思考，使其更有代入感，可以提高笔记的吸引力。

在标题中运用疑问句的好处主要体现在两个方面：一方面，疑问句中所涉及的话题大都和用户联系得比较密切，促使标题和用户的关系更为密切；另一方面，疑问句本身就能够引起用户的注意。用疑问句式的标题激起用户的好奇心，从而引导用户点击笔记。

其实采用疑问句式的标题有一些比较固定的句式，比如"你知道……吗？""你是否……呢？""你有……的经历吗？"等，如图4-18所示。

图4-18　疑问句式的标题示例

2. 反问句式

反问句是集问题和答案于一身的特殊句式，一个反问句的提出并不是为了得到某个答案，而是在于加强语气。反问句相对于其他句式的句子来说，语气更为强烈，将这样的句式运用到标题当中，也能起到加强标题语气的效果。比如"你难道不应该去试一下这个商品吗？"，言外之意就是你应该尝试和购买该商品。

又如"你怎么能这样做呢？"，言外之意就是"你不能这样做"。反问句在日常生活中也经常被用到。反问句常用的句式也比较多，如"怎能……？""为什么不……？"等。

反问句常用的句式大都是否定疑问句，也就是疑问词加否定词。既然是否定疑问，那就是肯定了。所以，将这样的句式放在标题当中，也能代表博主的一种观点和态度。

从语气上来说，反问句式的标题有强调的作用和效果。正因为有了强调的作用，所以，这样的标题也能在第一时间带给用户一种提醒或者警示。当用户关注到这一问题的时候，也会点击笔记观看详细内容。

在标题当中采用反问句式，能大大加强标题的语气和气势，从用户的角度来说，这样的强调语气更能引起用户的注意和兴趣，因此，在标题中采用反问句式也能大大加强直播间的关注度。图4-19所示为反问型标题示例。

图 4-19　反问型标题示例

3. 方式提问

"如何"的意思就是采用怎样的方式和方法。当把"如何"一词放在直播间的标题中时，有帮助用户解答某一疑惑或者解决某一问题的效果。这类"如何"

式提问的直播间标题所涉及的内容大都是人们在生活中遇到的困难，或者能够方便人们生活的小技巧。图 4-20 所示为方式提问型标题示例。

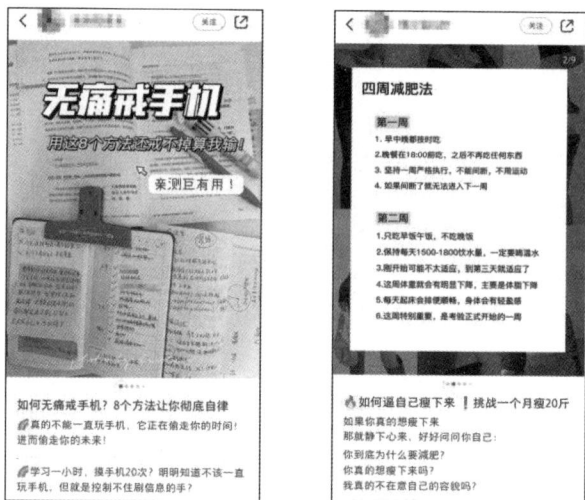

图 4-20　方式提问型标题示例

使用这种标题的笔记所涉及的都是解决问题或者困扰的方式和方法，而且针对的目标用户范围很广，不会像其他的笔记一样，有着十分精确的用户群。

在标题中采用"如何"式提问具有一定的优势，主要表现如下：一般人在看到解决某件事情的方法和技巧的时候，不管自己存不存在这样的问题，或者会不会遇到这样的问题，都想要观看与学习解决这类问题的办法，也有部分用户是因为对标题所提及的问题感兴趣。

4.2.7　利用热点

这里所说的热点指的是在某一个时间段内深受广大用户关注的事情。例如，在世界杯举办期间，一些博主便利用这一热点来撰写标题，如图 4-21 所示。

一般来说，热点来源于各大平台，如微博、抖音、贴吧等。热点传播得很快，并且被人们时常讨论或研究。值得注意的是，热点之所以成为热点，之所以被人们关注，主要是因为其与人们的生活息息相关。

也正是因为这些热点与人们的生活息息相关，所以，关注的用户比较多，如果能够利用热点撰写标题，便能够在更大程度上吸引用户的关注，增加笔记的曝光度。图 4-22 所示为小红书中的"搜索发现"栏目，这个栏目中的词条也是当前小红书平台中比较热门的话题。

图 4-21　利用热点撰写标题示例

图 4-22　小红书中的"搜索发现"栏目

除此之外，博主还可以利用当前极为火爆的电视剧来撰写标题。一般来说，爆火的电视剧，观看的用户肯定非常多，那么这些用户便有可能在各大平台上搜索与之相关的信息，以此来缓解没有更新时的痛苦。如图 4-23 所示，博主便利用热播剧《点燃我温暖你》来撰写标题。

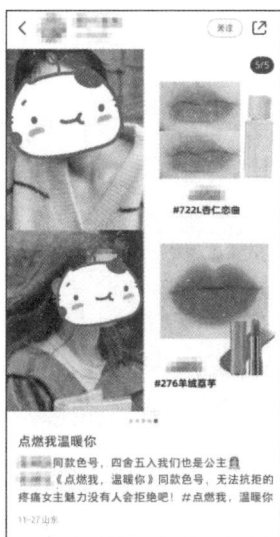

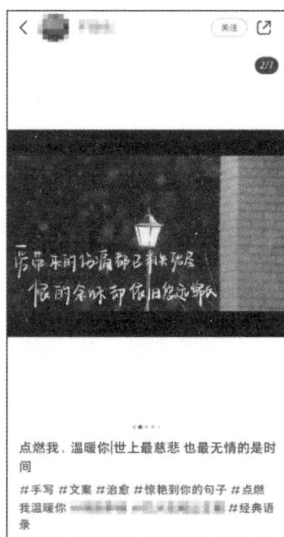

图 4-23　利用火爆的电视剧来撰写标题示例

值得注意的是，在蹭热点时，输出的内容一定要与自己的账号定位相统一，如前面利用世界杯制作表情包的示例，该博主发布的其他内容也是与表情包制作相关的。切记不可输出与账号定位不相关的内容。

4.2.8　夸张表达

夸张表达一般都会通过数字的形式来呈现。夸大的手法，加上惊人的数字，也能在一定程度上勾起用户的好奇心，吸引用户的注意。图 4-24 所示为夸张表达型标题示例。

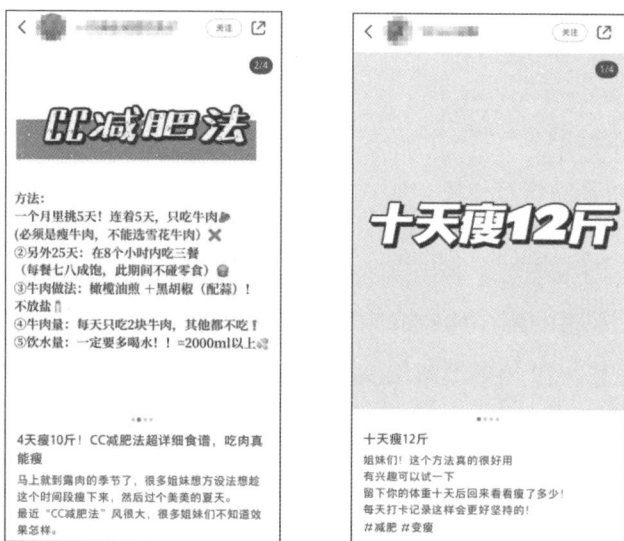

图 4-24　夸张表达型标题示例

4 天瘦 10 斤、10 天瘦 12 斤，这都是非常夸张的减肥方式，一般想要快速减肥的用户便会点击这类笔记观看，有些用户也会因为好奇而点进去观看。

4.2.9　揭　秘　型

揭秘型，顾名思义，就是为大家揭秘。一般来说，猎奇心是人类的天性，他们对一些未知的、羡慕或崇拜的东西总是会充满好奇，而揭秘型标题便能很好地满足用户的好奇心、猎奇心。

图 4-25 所示为揭秘型标题示例。左侧的博主主要为用户揭秘射手座的隐藏性格，而右侧的博主则为用户揭秘 100 个情侣越聊越上头的话题。

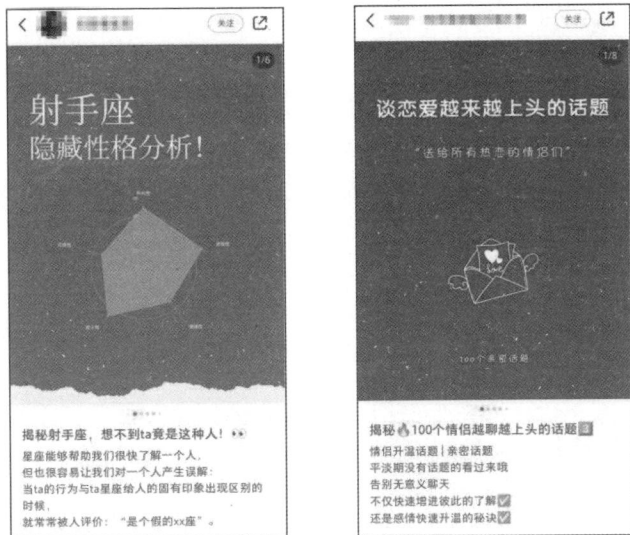

图 4-25　揭秘型标题示例

4.2.10　地域词

　　人们往往会对自己所待的地方有一定的情结。当博主在标题中加入一定的地域词，而这个地方正好是用户长大的地方或者现在居住的地方，那么他便会有很大的概率点开。像某个地方出台了新的规定、开放了新的旅游景点等，都会引起当地人的关注，如图 4-26 所示。

图 4-26　加入地域词的标题示例

4.2.11 速成型

现代社会的生活节奏非常快，人也静不下来，因此，很多人不想花费大量的时间去钻研一件事情，而是想要速成。很多博主便利用这一点，制作了很多速成的课程。而要想获得用户的关注，就需要在标题中写明用户到底需要花费多长时间能够做好。

图 4-27 所示为速成型标题示例。在标题中，博主明确表示了 7 天速成，那些时间比较紧迫的用户便会选择观看这类笔记。

图 4-27 速成型标题示例

速成型标题会让用户感觉到，只要自己阅读了这篇文章，便能够在短时间内获取某样知识或者技巧。一般来说，当用户看到这类标题的时候，会更有动力观看这篇笔记的内容，而且他们也会觉得这项技能是很容易学会的。

除此之外，许多用户在看到这类笔记时一般不会当场就学习，他们会先将这篇笔记收藏起来，等到合适的时机再去学习，因此，这类笔记的收藏率一般比较高。

4.2.12 合集型

合集型很好理解，其内容便是盘点各类相同的事件，像各类旅游景点、美食小吃的合集。一般来说，合集能够帮助用户更快地了解某一类事物，如国内的古镇合集、眼影合集等。图 4-28 所示为合集型标题示例。

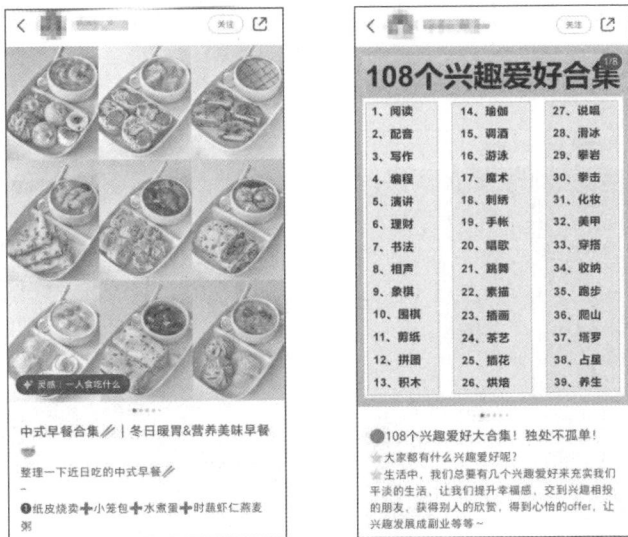

图 4-28　合集型标题示例

4.3　撰写小红书爆款文案

一个好的标题能够帮助博主提高浏览量，而一个好的文案则能够帮助博主更好地让用户留存下来。本节便来看一下撰写小红书爆款文案的相关内容。

4.3.1　写出优质爆文技巧

在写文案的时候也是有一定技巧的，掌握了这些技巧，你也可以撰写出许多爆文。下面来看一下写出优质爆文的技巧。

1. 找出优势或特点

在写文案之前，我们应该考虑一下这篇笔记的优势在哪里，以及与同类笔记的不同之处，然后将优势或特点凸显出来，如种草笔记可以突出产品的优势，穿搭类笔记可以突出显瘦、评价等优势。

图 4-29 所示为婚摄笔记。同样是以拍摄结婚照为内容的笔记，但是两者的优势各不相同：左侧的笔记以氛围感为主，注重高品质；而右侧的笔记则注重价格低廉，主打高性价比。只有突出这些优势，用户才更有可能关注到满足自己需求的笔记。

值得注意的是，作为一位主打服务或产品的博主，这些优势不仅仅是优势，更多的是为账号定位，账号有了定位，用户便会更加精准，用户长期关注账号的可能性便会提高。

图 4-29　婚摄笔记

图 4-30 所示为汉服推荐笔记。在这两篇笔记中，一篇推出的是平价汉服，而另一篇则推出的是高端汉服店铺。不管是平价汉服还是高端汉服店铺，博主都在笔记中为大家介绍了汉服或店铺的优势。

图 4-30　汉服推荐笔记

如果博主有自己的产品，则可以将产品的优势凸显出来，会吸引更多用户的关注。如果博主没有自己的产品，则可以突出自己笔记的特点，也会达到增加粉丝数量的效果。

2. 确定受众群体

在了解了自己产品或笔记的优势之后，你还得确定这篇笔记的受众群体。只有确定了受众群体，你才有可能吸引更多精准的用户。值得注意的是，精准的用户往往比那些不够精准的用户黏性更强，关注你的概率更大。

而且只有确定了受众群体，你才能够更好地确定笔记的书写方式。当笔记的精准受众群体为年轻女性的时候，你可以在文案中展现一定的幽默性，或者加入一些表情来增加趣味性，如图 4-31 所示。

图 4-31　加了表情的文案

4.3.2　各行业文案分析

与标题一样，每个行业的文案也存在一定的差异，下面就来重点分析一下美妆护肤时尚类、家居家装改造类、旅游餐饮类、电器类、摄影写真类、技能培训类这六类文案的特点。

1. 美妆护肤时尚类

这类笔记最重要的是真实、有效，毕竟像各种化妆品、护肤品都是直接涂抹在皮肤上的，而且价格都不是很便宜，如果博主所推荐的产品存在不真实性，那么用户就会对该博主失去信任。因此，博主在撰写这类笔记时，一定要确保内容的真实性及可操作性。

博主在撰写这类文案时，可以按照"个人情况＋解决痛点＋产品亮点＋个人感受＋使用效果"的模板来撰写，如图 4-32 所示。

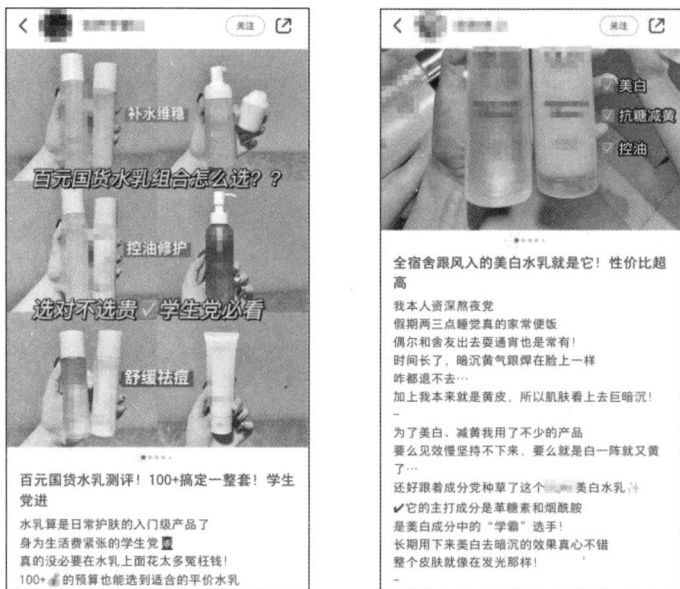

图 4-32　按照相应模板撰写的文案

博主先向大家讲述自己化妆、护肤时面临的问题，或者大多数人会遇到的问题，然后为大家解决痛点，将推荐产品的优势描述出来，再加上自己的感受及使用效果。而且在描述使用效果时，还可以搭配相应的图片进行展示，增强可信度。

除此之外，博主还可以在撰写文案的语气上做到风趣幽默，增加亲切感，让用户觉得就像朋友在给自己推荐某个产品一样，这样用户便会卸下心防，增加购买的欲望。

2. 家居家装改造类

在小红书上有许多家居家装改造类笔记，对于这类笔记，用户主要关注的是价格和品质，即价格要低、品质要好。因此，博主在撰写文案时，可以详细写出装修的方案或者价格。

对于装修类笔记，可以先说明装修的风格，然后向用户介绍房子的具体情况，如建筑面积、采光、布局等，最后说明装修的情况，如图 4-33 所示。

对于租房改造类笔记，笔记中的图片一般是装修前后的效果对比，可以先简单地聊一些心得体会，然后介绍各个部位的改造方案，最后给出改造物品的来源，如图 4-34 所示。

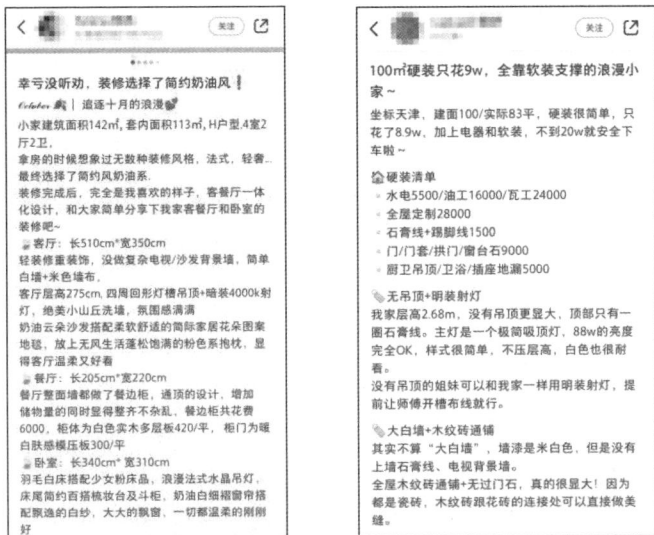

图 4-33　装修类笔记文案

图 4-34　租房改造类笔记文案

3. 旅游餐饮类

用户之所以会关注旅游餐饮类笔记，主要是因为他们想要知道旅游目的地的可玩性、性价比，以及当地的餐饮、住宿情况，因此，博主在笔记中要记得加入这些元素。而且用户观看旅游类的笔记，还是因为自己想要出去旅游，因此，博主要在笔记中加入一些描述性话语及抒发真情实感的体验式语句，如"吃货一定要来的地方，整条街都让你流连忘返"等。

这类笔记既可以按照博主自己游玩的时间顺序展开，也可以分地点区域进行介绍，还可以根据用户的类型尝试不同的风格。

值得注意的是，旅游餐饮类笔记还可以以合集的方式展开。以合集方式展开的笔记，应该尽量突出每个地点的特色，但是这篇笔记的主题必须是同一个。图4-35所示为旅游合集类笔记。可以看出，它们的主题都是同一个，左侧的是海边城市，而右侧的则是陕西的古镇。

图4-35　旅游合集类笔记

值得注意的是，在撰写这类文案时，博主一定要把握好目的地、卖点、价格、衣食住行、注意事项这五大要素。

4. 电器类

电器类笔记可以从两个方面展开撰写文案。一方面是以测评的方式。测评需要博主针对产品进行专业性的点评，可以在文案中适当地使用一些专业术语。图4-36所示为洗衣机测评笔记。可以看出，在这篇笔记中，博主撰写的文案重点在于洗衣机的风格、性能优势和性价比方面。在测评一个电器的时候，可以对电器的性能、功能等进行详细介绍。

另一方面是好物分享类。这类文案可以先向大家描述日常使用电器时遇到的问题或痛点，然后向用户推荐产品，最后描述该类产品的优势，如图 4-37 所示。

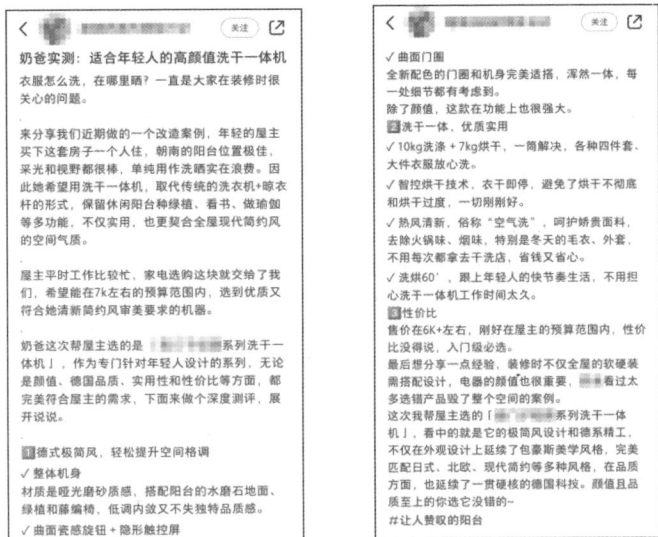

图 4-36　洗衣机测评笔记

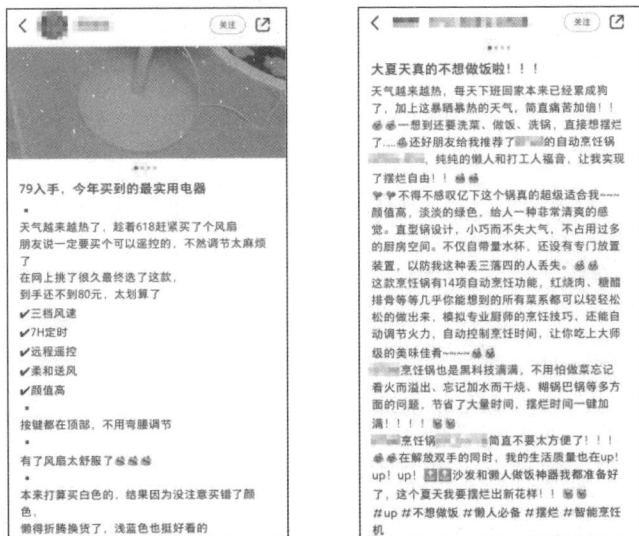

图 4-37　好物分享类笔记

博主在撰写电器类文案时最好加上四大要素，分别是个人的需求点、痛点，产品的卖点，问题的解决情况，以及个人的使用感受。值得注意的是，博主可以根据用户的类型，进行多方面的尝试。

5. 摄影写真类

摄影写真类笔记可以突出自己能够提供的服务或拍摄的风格。如图 4-38 所示，这两篇笔记都向用户详细介绍了拍摄的风格，如果用户感兴趣，便会在评论区里进行评论。

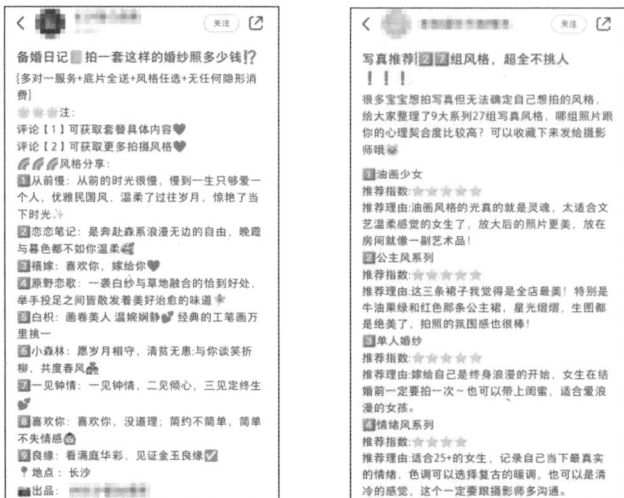

图 4-38　摄影写真类笔记

摄影写真类文案最好在排版上要整齐，同时要显示出自己的专业性，这样用户才会放心地找你拍照。

6. 技能培训类

技能培训类文案可以从两个方面撰写。一方面是分享个人经验，如图 4-39 所示。这类文案最好要有比较强的个人内容特点，且具有普适性。

另一方面是分享专业知识，比如一些公考常识、职场技能等，如图 4-40 所示。针对这类笔记的文案撰写，博主要确保自己所撰写内容的真实性、正确性、专业性，让用户能够对这篇笔记产生信心。同时，撰写出来的文案一定要有逻辑性，这样才能让用户对其专业度产生信赖。

4.3.3　种草文案撰写的注意点

小红书中的笔记众多，其中包括种草笔记，这类笔记主要是用来推广产品的。而在种草文案中，一般都包括适用人群、产品特点、亮点等内容。毕竟只有加入这些内容，才能更加吸引用户。

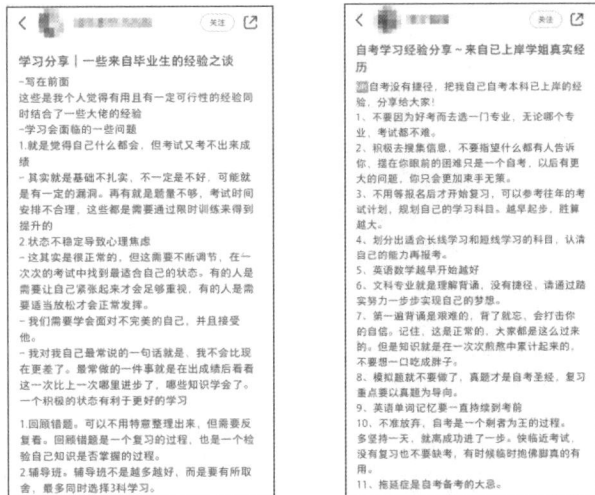

图 4-39　个人经验分享类笔记

图 4-40　专业知识分享类笔记

　　种草文案写得好不好，直接影响着用户是否会购买博主推广的产品。那么，应该怎样撰写种草文案呢？需要注意哪些地方呢？下面便来看一下种草文案撰写的注意点。

1. 首段不可过长

　　在撰写种草文案的时候，首段最好不要写得太长，简单地将笔记的重点内容或产品引出即可。太长的内容容易让用户失去继续阅读的兴趣。

图 4-41 所示为出租屋改造笔记。可以看出，左侧的铺垫太多，而右侧的首段就是简要介绍出租屋的情况，这两篇笔记的点赞量、评论量、收藏量有着很大的差异。

图 4-41　出租屋改造笔记

2. 产品描写

在产品描写方面要扬长避短，并且要保证真实性，不可太过浮夸，写出许多绝对性的词汇。因此，在撰写文案之前，一定要认认真真地了解产品，只有将产品了解透彻，你才有可能将产品的优点、特性、适用人群真实地向大家展示。

3. 找准侧重点

在小红书平台上进行分享，主要从消费者的角度出发。因此，在撰写文案的时候，要尽量站在用户的角度上，从用户体验的角度出发，然后以使用者的立场向大家描述这个产品的好坏。

而且在撰写文案的时候，一定要带入真情实感、要贴近生活，不能过于端着。对于端着的笔记，一般用户不会买账，就像一个傲娇的博主。相较而言，用户往往更喜欢亲和力强的博主。

4. 精练、有条理

在撰写文案的时候，一定要条理清晰、逻辑分明，让用户能够通篇顺畅地看下去，最好不要出现错别字或者逻辑不通、语句混乱的情况。而且，在笔记中要重点突出、详略得当，要点出关键词。

第 **5** 章

设计高颜值的封面

　　用户一开始看到的，除了标题便是封面，而且封面的比重更大，所以，一个好的封面比一个好的标题更能吸引用户点击。本章便来看一下设计高颜值封面的具体情况。

5.1　设计图文和视频封面

在小红书中，笔记有两种形式，一种是图文类笔记，另一种是视频类笔记。图文类笔记以图文为主，而视频类笔记以视频为主，文字比较少。本节便来看一下这两种笔记封面的具体情况。

5.1.1　图文封面尺寸

在小红书平台中，主要有三种封面尺寸，分别是横屏的 4：3、竖屏的 3：4、正方形的 1：1，如图 5-1 所示。

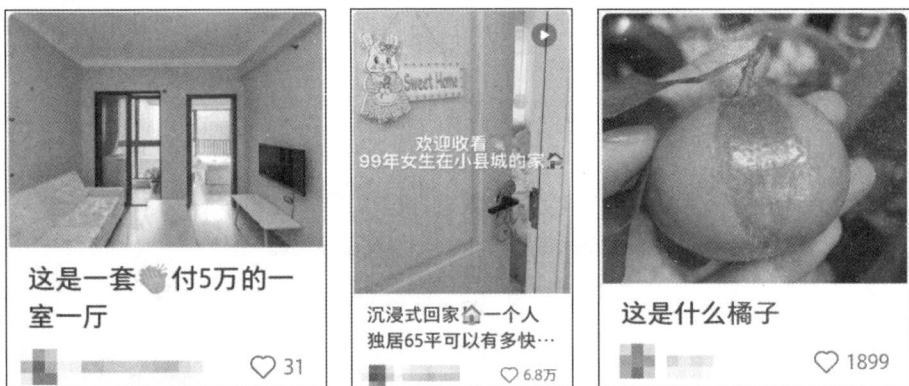

图 5-1　三种封面尺寸

值得注意的是，在上传多张图片的时候，最好统一尺寸。因为如果你上传的是不同尺寸的图片，那么系统可能会将其他图片默认为第一张图片的尺寸而进行裁剪或填充，这样有可能丢失图片中的重要信息。

另外，横屏的图片占据的空间比较小，因此，可能会出现没有被用户看到便滑走的情况；而竖屏的图片用得比较多，而且占据的空间也比较大，能展现更多的信息，也不会轻易被忽视。

5.1.2　图文封面设计要点

在小红书平台中，封面也是一个"必争之地"，一个好的封面可以吸引更多的用户。其实，封面设计也是有一些技巧及要点的。下面便来看一下图文封面的设计要点。

1. 高颜值美图

有很多博主不太重视封面的设计，只是简单、粗暴地随意放置一张图片，有的甚至没有任何配文和装饰，这样的封面没有发挥它应有的作用。那么，设计的要点是什么呢？

封面毕竟是一张图，那么我们可以直接放一张颜值爆表的图片。当然，这里所说的颜值不仅仅是博主自己的颜值，还包括风景、物品、穿搭等，如图 5-2 所示。如果你想设计一张颜值高的封面图片来吸引用户，那么封面必须有一定的视觉冲击力。

图 5-2　高颜值封面

2. 图片拼接

如果你的笔记内容非常丰富，且想要在封面上展示出来，则可以将几张主题图片进行拼接。将拼接的图片作为封面主要有两大好处：一是能够让封面图片更加丰富多元，从而吸引更多不同喜好的用户；二是能够让人赏心悦目。虽然是拼接的图片，但也不能随意拼接，一定要经过精心设计，这样其视觉效果才会更好。

在设计图片拼接的封面时，要保证图片的风格、色调、氛围相似，让最终的图片看起来很和谐，不突兀，有整体感。而且为了防止图片出现重点模糊、画面凌乱的情况，最好不要将标题放置在画面的角落，而且标题也不能过小，要做到主题鲜明、一目了然。

图 5-3 所示为图片拼接的封面。这两篇笔记的封面都是由三张图片拼接在一起的，封面的色调、风格非常统一，而且"颜值"也非常高，用户一看到这个封面，便会忍不住多停留一会儿，甚至点开笔记，进行评论。

图 5-3　图片拼接封面

3. 海报大片

有些博主会在封面上花费一定的心力，设计出一张张精美的海报大片，尤其是那些比较小众内容的笔记。在设计这类封面时，其图片一定要与笔记的内容相符，不能仅放置一张海报大片，却忽略笔记的内容。一般来说，这种封面适合小众好物种草、网红探店等笔记，如图 5-4 所示。

图 5-4　海报大片封面

4. 对比图

对比图常用于健身、塑形、美容、美妆等笔记中，主要是想通过巨大的反差来吸引用户，如图 5-5 所示。在设计对比图时，要注意重点突出产品的效果，对比前后的两张图片最好不要采用虚假、夸大、失真的图片。

而为了保证真实性，图片的拍摄角度、场景最好是一致的，这样才能让用户相信，造成强烈的冲击感，引起大家的好奇心。

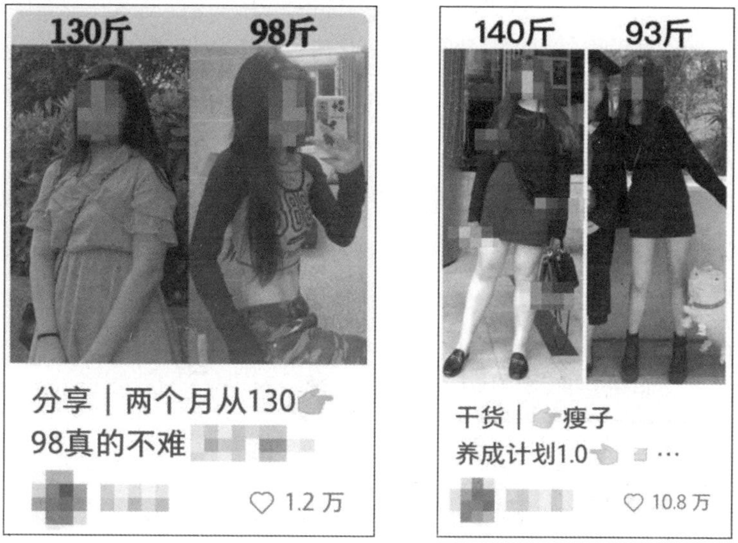

图 5-5　对比图封面

5. 纯文字封面

纯文字封面，顾名思义，便是只有文字，没有多余背景的封面。一般使用这种封面的笔记以文字为主，即图文笔记，博主将笔记的中心思想在封面上展示出来即可。这种封面一般适用于干货分享、硬核教程、壁纸分享类笔记，如图 5-6 所示。

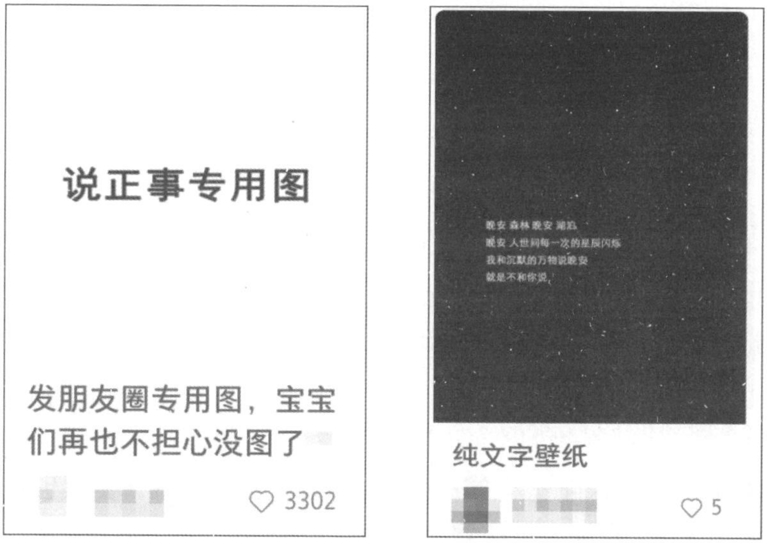

图 5-6　纯文字封面

在使用纯文字封面时，要注意封面中的文字是否吸引人。文字中的修饰词不能太过普通，可以强调时间、速度、方法论等，以此来证明这篇笔记是有价值的。

值得注意的是，在使用纯文字封面时，要注意文字的排版及文字字体的使用。

6. 抠图拼接

当博主想要展示某样东西，或者想要突出某个物品、细节的时候，往往会使用抠图拼接的方式。在使用抠图拼接的时候，博主一定要注意，不要将多种元素混合在一起，要主次分明、大小有序，整体要有和谐性，色调、风格也最好保持一致，有一个主色调即可，如图5-7所示。

图 5-7　抠图拼接封面

5.1.3　视频封面尺寸

小红书中的视频尺寸（4：3、16：9、全屏等）是没有限制的，但是视频封面尺寸也只有三种，和图文封面尺寸是一样的。值得注意的是，与图文封面不同，在视频封面上会有一个播放按钮▶。图5-8所示为视频封面示例。

5.1.4　视频封面设计要点

视频封面与图文封面还是有一点儿差别的，因此，设计要点也有所不同。下面便来看一下视频封面的设计要点，主要包括三个方面，分别是默认封面/视频截图、图片+大标题、视频框封面。

图 5-8 视频封面示例

1. 默认封面 / 视频截图

默认封面通常是以视频的第一帧作为封面图片。如果博主觉得第一帧不太适合做封面，则可以截取视频中的某一帧用作封面。这类封面一般适用于美妆教程、穿搭分享和风景拍摄等笔记。

如图 5-9 所示，左侧的视频封面属于默认封面，即使用第一帧作为视频的封面，而右侧的视频封面则使用的是视频截图。

图 5-9　默认封面 / 视频截图视频笔记

2. 图片 + 大标题

图片 + 大标题通常是在图片的基础上，加上本次视频笔记的关键内容，如图 5-10 所示。一般来说，出现在视频封面上的词是不会出现在视频中的。

图 5-10　图片 + 大标题视频笔记

博主可以事先选择一张有创意的图片，一定要与本次视频笔记的内容相关，然后在图片上加上大标题。制作完成后，将图片插入视频中，注意要插入视频第一帧的位置，播放的时长设置为 1 秒即可。另外，图片的尺寸一定要与视频的尺寸相同。一般来说，这类封面主要适用于产品测评、好物安利、影视作品赏析等笔记。

3. 视频框封面

视频框封面指的是在视频的封面中加入一个漂亮的视频框，这样既可以让自己的视频封面有设计感，而且能够使视频主题清晰。博主还可以在不影响美观的情况下加入一些可爱的小表情包，也可以根据视频主题的变化来改变视频框的形状和颜色。

加入了视频框，会在一定程度上缩小视频的空间，所以，制作的视频一定要把握好视频内容与标题等的分布，而且封面中的设计元素不要胡乱堆砌、风格不一，这样会显得视频杂乱无章，影响美观。

加入了视频框的视频封面可能比一般的视频封面制作难度更大，但是相对来说，创意性更强，也更高级。图 5-11 所示为视频框封面笔记。

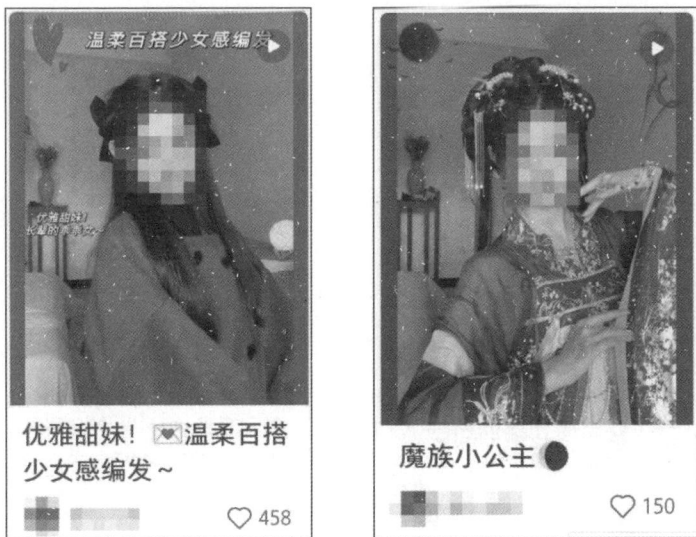

图 5-11　视频框封面笔记

5.1.5　封面设计注意要点

不管是图文封面也好，视频封面也罢，在设计封面时，都需要注意两个方面，一个是标题的风格和位置，另一个是风格的一致性。

1. 标题的风格和位置

一般来说，封面中标题的风格要与账号的定位相同。如果账号的定位是萌宠类，那么封面可以使用一些比较可爱的字体；如果账号的定位是比较正式的，如教学类、知识类，则使用常规的字体比较好。

图 5-12 所示为两篇图文笔记的封面。左侧的笔记主要记录一些可爱的句子，因此，其封面中的字体也是可可爱爱的；而右侧的笔记是帮大家提升技能的，因此，其封面使用的是常规的字体。

标题的位置与封面的协调性相关。有的博主将标题放置在视频的顶部，而有的博主将标题放置在视频的底部，只要不影响封面的协调性，无论哪种放置方式都是可以的。

图 5-13 所示为两篇视频笔记的封面。一个封面的标题放在顶部，另一个封面的标题放在底部，这两个封面都显得比较和谐。

2. 风格的一致性

要想长期运营小红书账号，并且增粉，在笔记的封面上就要下功夫。博主

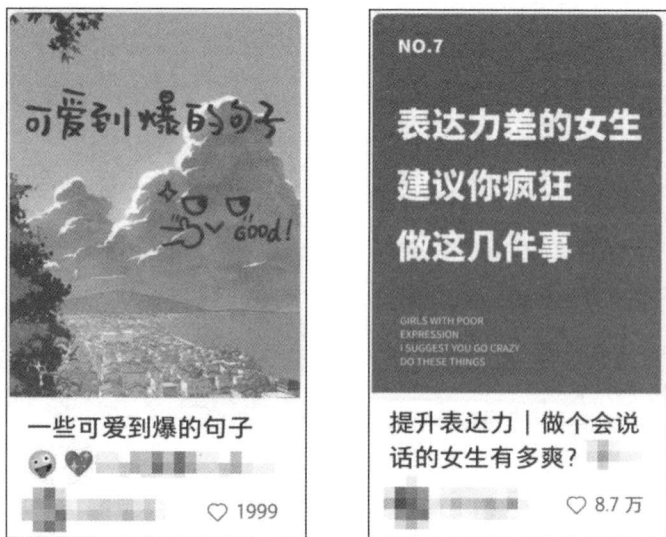

图 5-12　两篇图文笔记的封面

图 5-13　两篇视频笔记的封面

可以利用封面为自己打造一个个性鲜明且独特的人设，并保证封面的风格统一。此外，更新的频率最好不要改变。

如果博主频繁地改变笔记封面的风格，而且还不及时更新，就很难给用户留下深刻的印象，也很难打造一个属于自己的、独特的IP，也会影响账号的垂直度。

图 5-14 所示为两个博主的主页，可以看出他们的封面都非常统一，这样的主页会让用户觉得很清爽。

图 5-14　两个博主的主页

5.2　列举四类封面案例

上一节我们了解到设计图文、视频封面的相关情况。针对不同领域，视频封面的设计也有所差异。本节便以四个领域为例，看一下这些领域的封面是什么样子的。

5.2.1　美食类

美食类笔记的封面不要怕"乱"，你可以将笔记中的美食全部融合在封面之中，尽量展示美食的"丰富感"，勾起用户的食欲。尤其是一些美食教程类的笔记，你可以将美食的成品通过多图的形式展现出来，用户便会忍不住地想要了解制作方法，然后自己动手做，而且这种笔记的收藏量一般比较高。图 5-15 所示为美食类笔记的封面。这两篇笔记的封面风格相似，都是通过成品来吸引用户的。

美食类笔记的封面格式主要有三种，分别是双图拼贴、多图拼接和单图。下面来看一下这三种格式。

1. 双图拼贴

图 5-15 所示的两篇笔记的封面都属于双图拼贴。双图拼贴比较适合展示一些单一的食物，一张图片展示食物的全貌，另一张图片展示食物的细节。

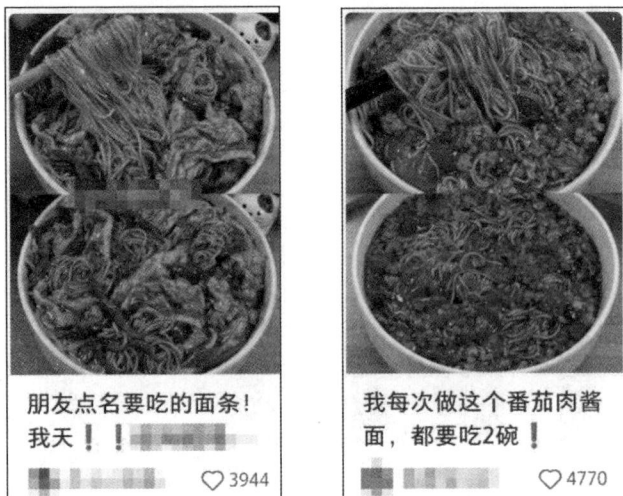

图 5-15　美食类笔记的封面

2. 多图拼接

多图拼接比较适用于美食攻略类、探店类、美食分享类等笔记，一般都是向用户介绍美食，不会展示具体的做法，有的博主还会在多图拼接的封面上加入醒目的标题。图 5-16 所示为多图拼接类笔记的封面。

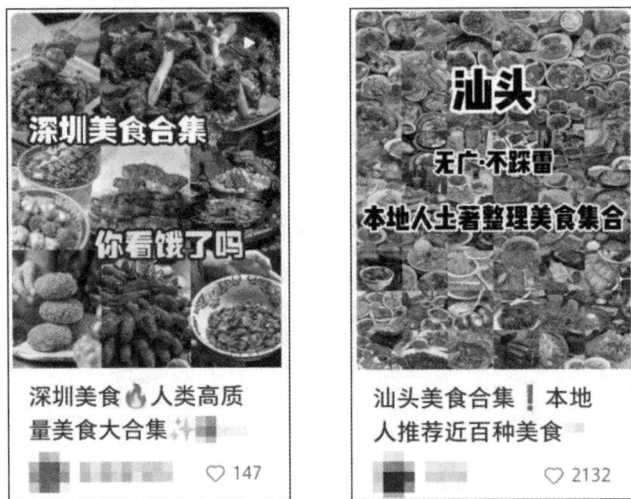

图 5-16　多图拼接类笔记的封面

3. 单图

博主可以直接放一张美食图作为封面，图片中可以是一种食物，也可以是多种食物，如图 5-17 所示。这类封面中没有多余的文字，直接向用户展示美食，简约、直接，深受用户的喜爱。

图 5-17　单图封面

5.2.2　旅游类

用户想要出去旅游，便是想要看看其他地方的美景，因此，旅游类博主最好将封面设置成一张高质量的唯美大片，这样才会吸引更多的用户点击关注。

旅游类笔记的封面格式一般包括单图大片、简洁横拼和多图大标题三种。下面便来看一下这三种格式。

1. 单图大片

一张高质量的唯美大片往往能够吸引众多用户的关注。许多旅游类博主为了能够更好地吸引用户去旅游，会学习摄影技术，只为拍摄出更好的照片来吸引用户。

有时候博主拍摄出来的照片质量非常好，不需要过多的修饰，只要简单地添加一些文字或装饰即可，如图 5-18 所示。

2. 简洁横拼

一般拍摄的风景照都是横版的，博主将这些照片拼接在一起，然后适当地添加一些文字、装饰，便能够很好地适配小红书的竖屏尺寸，而且图片既不杂乱也不单调，能够很好地吸引用户，如图 5-19 所示。

3. 多图大标题

在旅游类笔记中，图片是吸引用户的第一步，但是正文中翔实的内容才是

图 5-18　旅游类单图大片封面

图 5-19　旅游类简洁横拼封面

重点。因此，博主可以在封面中将多张图片相结合，然后加上一个重点突出的大标题，这样才能吸引更多的用户，如图 5-20 所示。

5.2.3　穿搭类

穿搭类大多是"拼贴风"，将各种单品拼贴在一起，营造出一种"乱中有序"的时髦感。下面来看一下穿搭类笔记的封面格式。

图 5-20　旅游类多图大标题封面

1．杂志风多单品拼贴

顾名思义，杂志风多单品拼贴便是将多个单品拼贴在一起，营造出一股杂志风。这种封面一般都是介绍一整套穿搭，如图 5-21 所示。

图 5-21　杂志风多单品拼贴穿搭类封面

2．左右构图

左右构图通常将效果图放在左边，右边则是单品，如图 5-22 所示。这种格式比较直观，既给出了单品，也给出了上身效果图，让用户一目了然。

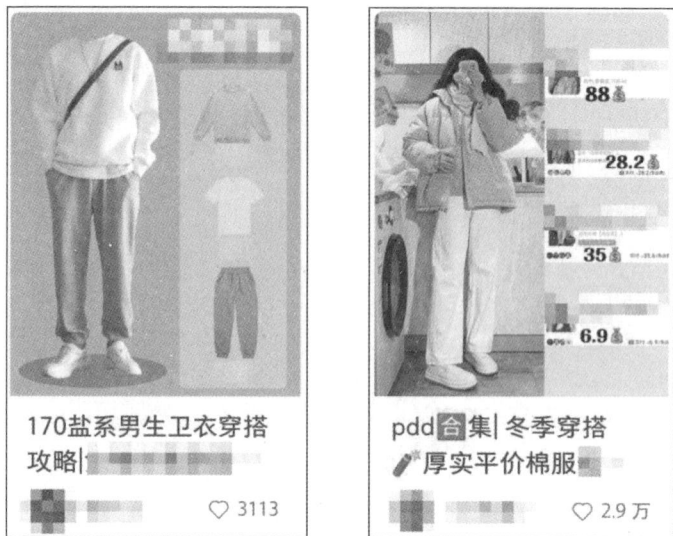

图 5-22　左右构图穿搭类封面

3. 全身照

有的博主会直接展示自己全身的穿搭，让用户的代入感更强。一般来说，这种格式多用于一周穿搭类的笔记，如图 5-23 所示。

图 5-23　全身照穿搭类封面

5.2.4　美妆类

美妆类笔记注重干货性，而且要在封面中表现出来。一般来说，美妆类笔记的封面格式主要有以下几种。

1. 清单列表型

顾名思义，清单列表型便是将产品都列出来，一般适用于盘点类的笔记，能够让用户一眼便了解到你所推荐的产品。图5-24所示为口红类笔记的清单列表型封面，两者都在封面上直接列出了口红，甚至右侧的封面还直接给出了最终使用效果。用户看到这样的封面，如果需要，一定会点击笔记、观看正文。

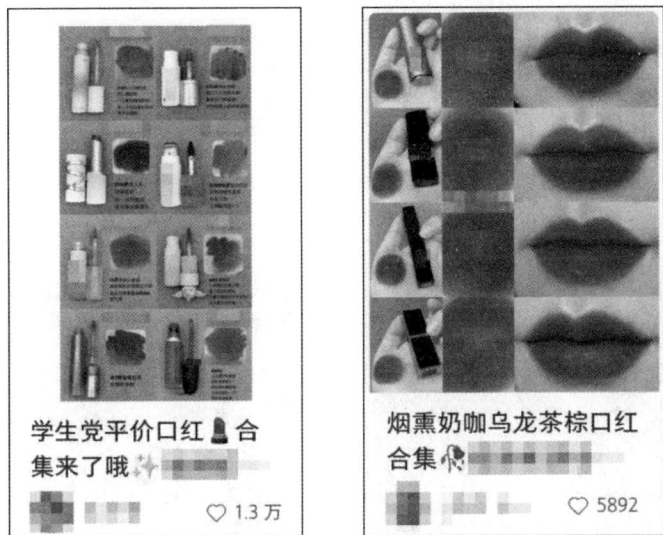

图 5-24　口红类笔记的清单列表型封面

2. 对比型

顾名思义，对比型便是将妆前妆后、产品使用前后的效果进行对比，还包括错误与正确的化妆手法对比。图5-25所示为眼妆类笔记的对比型封面。从图5-25中可以看出，两者都将错误的化妆手法和妆前的图片放在上面，然后在下面展示正确的化妆手法和妆后的效果，通过对比，很好地展示了妆前妆后的区别，如果用户有这方面的困扰，便会点击观看该笔记。

3. 单图标签型

对于一些推荐护肤品的笔记，有的博主会直接拍摄一张护肤品图片，然后在图片中标注产品的具体功效，如图5-26所示。

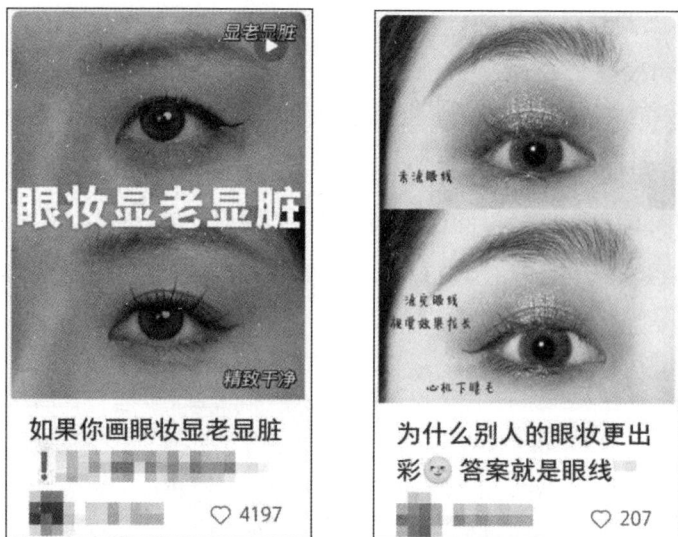

图 5-25　眼妆类笔记的对比型封面

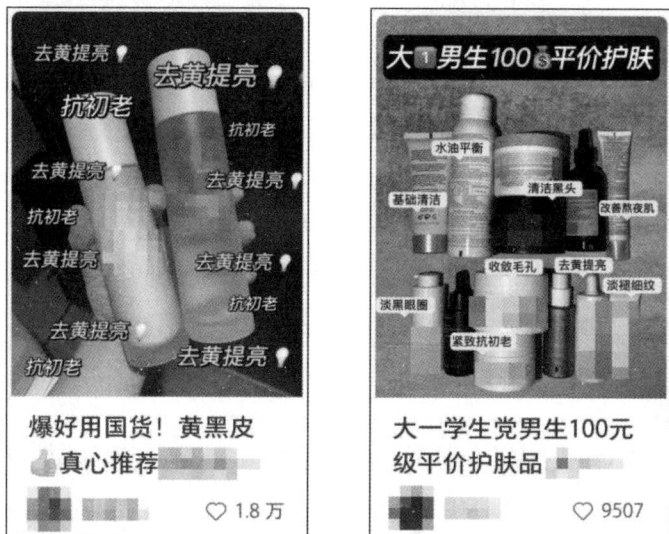

图 5-26　护肤品类笔记的单图标签型封面

第**6**章

利用营销高效种草

小红书作为社交型电商平台，强调真实的经验分享，用户将自己的经验分享出来其实也是一种隐性的营销方式，并且这种方式往往能够达到意想不到的效果。利用小红书营销，往往能够更高效地达到种草的目的。

6.1 提高种草营销水平

对于想要利用小红书平台实现种草营销转化获利的博主来说，提高种草营销水平是非常重要的。本节便来看一下提高种草营销水平的相关情况。

6.1.1 营销六大优势

所谓营销，就是根据用户的需求去打造销售商品或服务的方式和手段。经过不断地探索与研究，营销的方式越来越多样，具体而言有服务营销、网络营销、体验营销、知识营销、病毒营销、情感营销等多种营销类型。

与其他营销方式相比，小红书平台上的种草营销有哪些得天独厚的优势呢？如图 6-1 所示。

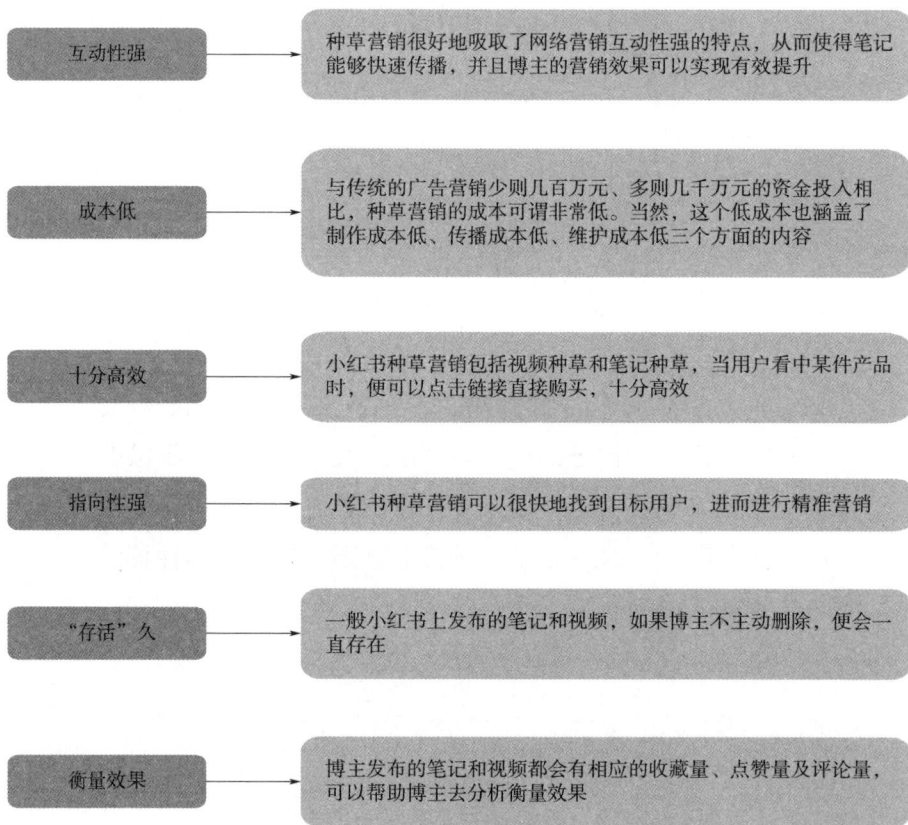

互动性强	种草营销很好地吸取了网络营销互动性强的特点，从而使得笔记能够快速传播，并且博主的营销效果可以实现有效提升
成本低	与传统的广告营销少则几百万元、多则几千万元的资金投入相比，种草营销的成本可谓非常低。当然，这个低成本也涵盖了制作成本低、传播成本低、维护成本低三个方面的内容
十分高效	小红书种草营销包括视频种草和笔记种草，当用户看中某件产品时，便可以点击链接直接购买，十分高效
指向性强	小红书种草营销可以很快地找到目标用户，进而进行精准营销
"存活"久	一般小红书上发布的笔记和视频，如果博主不主动删除，便会一直存在
衡量效果	博主发布的笔记和视频都会有相应的收藏量、点赞量及评论量，可以帮助博主去分析衡量效果

图 6-1 小红书种草营销的优势

6.1.2 小红书的平台特点

在介绍小红书种草策略之前，先来了解一下小红书平台的五大特点。具体如下。

1. 智能分析，精准画像

在进行推广之前，一般都会对用户群体进行分析，描绘目标群体的画像，这样才能更好地进行推广。

小红书拥有自主打造的智能大数据分析系统，能够精准地深入分析小红书用户的画像，并且挖掘种草领域。因此，博主可以根据小红书上的用户画像及同行业内竞争对手的推广策略，再融合自己商品的优势，打造出一个更优质的推广方案。

2. 深度研判，品质输出

不同种类的商品在运营的时候会有很大的差异，这往往会影响用户在种草时的决策。博主可以在了解平台内容推荐机制的情况下，深入研究相关品类的推广案例，然后根据品类特性，输出高质量的内容，从而提升小红书推广笔记的推荐效果及曝光量。

品类特性不同，会有不同的推广效果，往往品类特性较好的，推广效果更好。例如，刚需的商品与非刚需的商品相比，刚需的商品往往推广效果更好。图6-2所示为品类特性在小红书中引爆的情况分析。

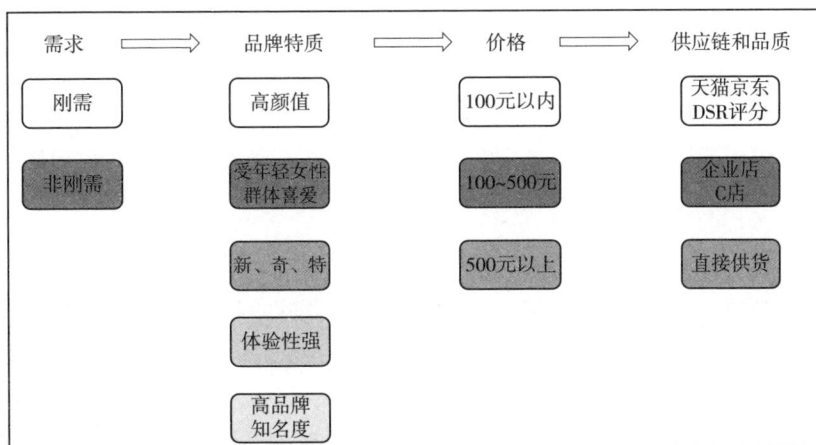

图6-2　品类特性在小红书中引爆的情况分析

3. 严格筛选,精准投放

在小红书平台中,系统会根据明星及博主的用户、点赞、评论等数据进行判断、分析、筛选,为博主选择最优秀的、真实的推广用户,帮助博主精准投放,达到推广效益的最大化。

一般来说,在小红书中最好严格按照金字塔的模式进行投放。图 6-3 所示为金字塔模式,这里将金字塔模式分为四部分,头部 KOL 和腰部 KOL 合并。第一部分是明星,主要是为了做背书,主要形式是明星发布测评及日常的好物分享。这种方式一般价格高,但是效益快且好。

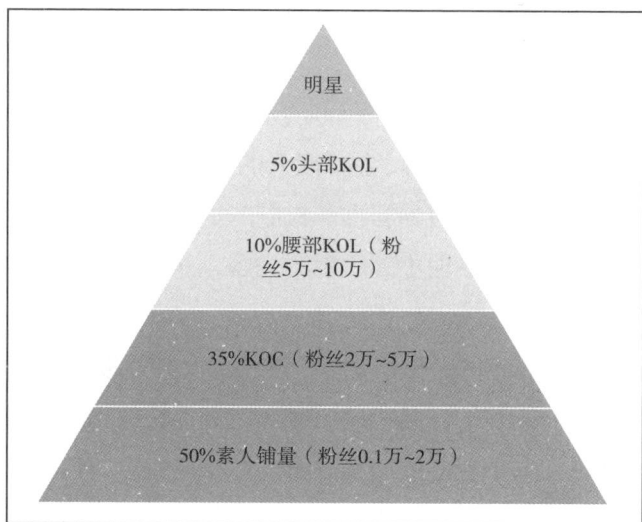

图 6-3 金字塔模式

第二部分是 KOL。KOL 分为头部和腰部,一般来说,头部的投放比例为 5%左右;腰部可以适当多投放一些,按 10% 的比例进行投放,主要形式可以是测评、晒单,用来提升品牌的曝光量。

第三部分是 KOC(Key Opinion Consumer,关键意见用户)。这类属于用户数量相对较少的 KOL,可以按 35% 的比例进行投放。这类博主虽然没有 KOL 的影响力大,但是在垂直用户中也有一定的影响力,并且其带货能力也是相对较强的。

第四部分是素人。素人笔记通常用来铺量,目的是提高曝光量,可以通过关键词进行铺设,这部分可以投放 50%。

4. 突破圈层，联动种草

上面说过了金字塔种草运营策略，通过这个策略，再针对不同特征的用户给予不同的方案，进而吸引更多的明星及博主，进行二次推广。

此外，将后续的营销资源进行合理分配，并利用商品的关键词加入其他渠道的方式，如淘宝、抖音、快手等，突破圈层，通过多平台将商品持续推广，从而实现商品的转化。

5. 专业团队，高效协作

拥有一支专业团队往往在推广的时候能够更加精准地了解用户的需求，因此，一支专业的推广策划团队及高级编辑团队非常重要。一方面可以帮助博主对商品的推广文案进行优化，另一方面可以通过在笔记中穿插商品推荐等方式，从而优化营销资源的分配。

值得注意的是，目前小红书正在快速发展中，平台中的传播渠道也变多了。对于博主来说，这既是一次机遇，也是一次挑战。在传播渠道扩大的情况下，如何脱颖而出，是在这场挑战中制胜的关键。

6.1.3 种草营销流程

一般来说，小红书的种草营销流程主要可以分为四点。下面便来看一下小红书种草营销的四大流程，如图 6-4 所示。

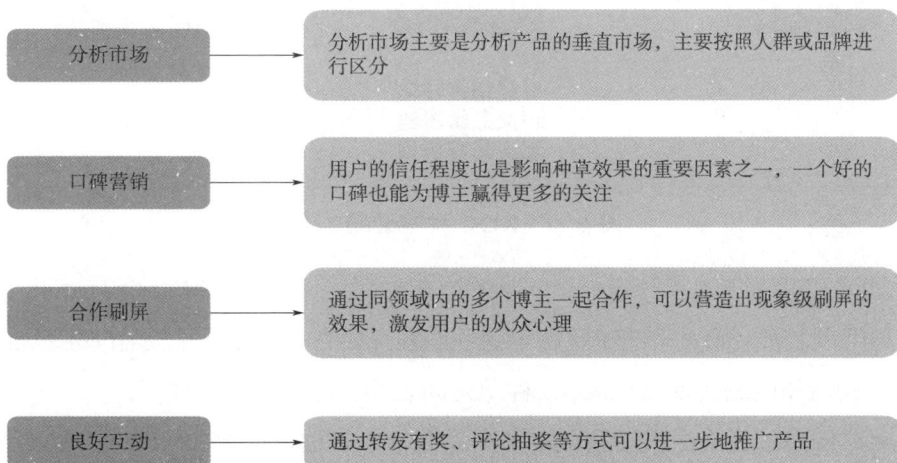

分析市场	分析市场主要是分析产品的垂直市场，主要按照人群或品牌进行区分
口碑营销	用户的信任程度也是影响种草效果的重要因素之一，一个好的口碑也能为博主赢得更多的关注
合作刷屏	通过同领域内的多个博主一起合作，可以营造出现象级刷屏的效果，激发用户的从众心理
良好互动	通过转发有奖、评论抽奖等方式可以进一步地推广产品

图 6-4　种草营销的四大流程

6.2　分享常用营销策略

如今，小红书飞速发展，其用户群体非常庞大，其中以"90后"用户为主体。小红书上有着超大的流量，这也使其成为很受欢迎的产品推广平台，因此，许多品牌纷纷利用小红书进行产品营销。

在小红书中，用户的购买意向较大，只要不是那种特别明显的硬广告，那些笔记一般都会赢得用户的喜爱。在小红书上，常见的营销策略有四种，本节便来看一下。

6.2.1　KOC 种草

现在是一个移动互联网时代，用户的关注点细化，越来越多的用户都喜欢KOC 的引导式消费。品牌方通过 KOC 发布各种种草笔记，然后 KOC 将真实的信息反馈给用户，与用户之间形成互动，如图 6-5 所示。

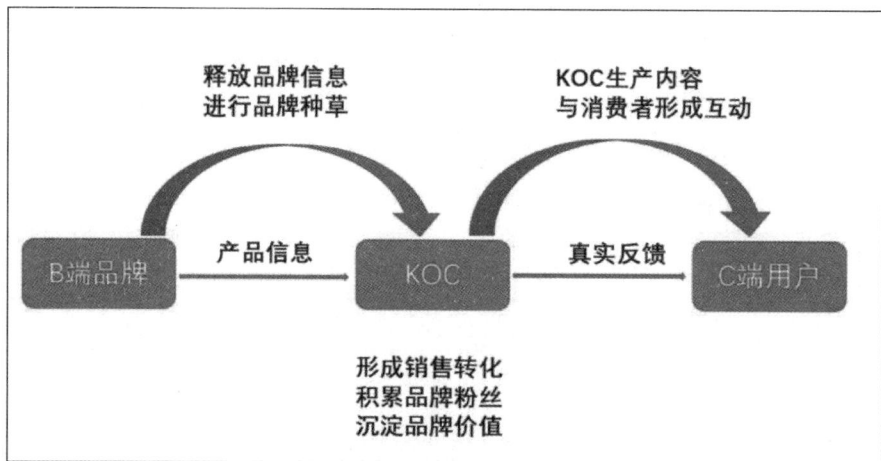

释放品牌信息
进行品牌种草

KOC生产内容
与消费者形成互动

B端品牌　　产品信息　　KOC　　真实反馈　　C端用户

形成销售转化
积累品牌粉丝
沉淀品牌价值

图 6-5　KOC 种草营销流程

通过 KOC 种草，会形成一个网状的社交关系，不管是用户与 KOC 之间，还是用户与用户之间，都有一定的联系，而这些联系又会进一步触发更广泛的网红经济。

值得注意的是，现今在 KOC 种草方面有两种趋势，具体如下：

●广告投放开始由认知教育转为产品销售。其意思是由之前的以产品销售为目的的社交电商模式转变成品牌方、营销者提高产品销量的新战场。

●普通人成为网红的流程逐渐完善、通道逐步成型。许多短视频平台都在开展各种各样的流量扶持计划、补贴计划等，越来越多的人开始投入各种短视频平台及小红书平台。目前，小红书也积攒了许多优质博主。

6.2.2　KOL 扩散

与其他电商平台不同，小红书上的 KOL 有着大量的忠实用户，且有着持久的粉丝关注度，因此，他们有着强大的话语权和影响力。

品牌主便可以利用 KOL 的这些优势，将品牌形象深深地植入用户的心中，这样品牌在平台中的搜索量和关注度便会大大提升，极大地提高品牌的曝光量和转化率。图 6-6 所示为 KOL 营销价值评估方法论。

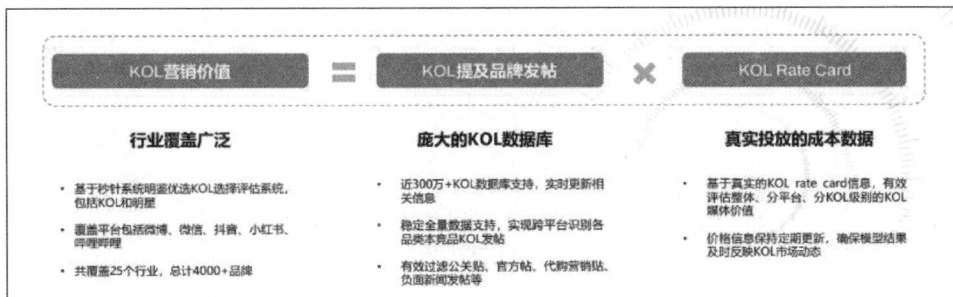

图 6-6　KOL 营销价值评估方法论

图 6-7 所示为 KOL 投放方法论模型。可以看出，其模型主要分为五步，分别是选对 KOL、优化投放策略、用好 KOL、做好流量承接、数据复盘。

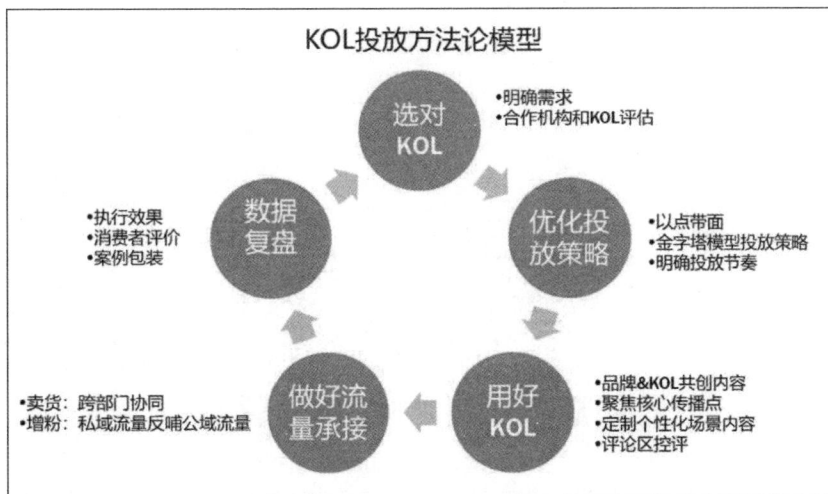

图 6-7　KOL 投放方法论模型

6.2.3 网红霸屏

一般来说，如果一个内容经常出现在用户的视线内，便可能会在一定程度上影响他们的购买决策。所以，要想让自己的品牌、产品能够快速进入用户的视线中，就需要品牌主利用众多的网红博主进行铺量，为品牌营造一种"现象级刷屏"。

针对网红霸屏，品牌主可以先通过数据分析、目标用户画像和同行竞品关键词数据来构思并发起话题，再邀请多名网红来发布种草笔记，进而形成 UGC 氛围。

UGC 的内容生产生态搭建如图 6-8 所示。

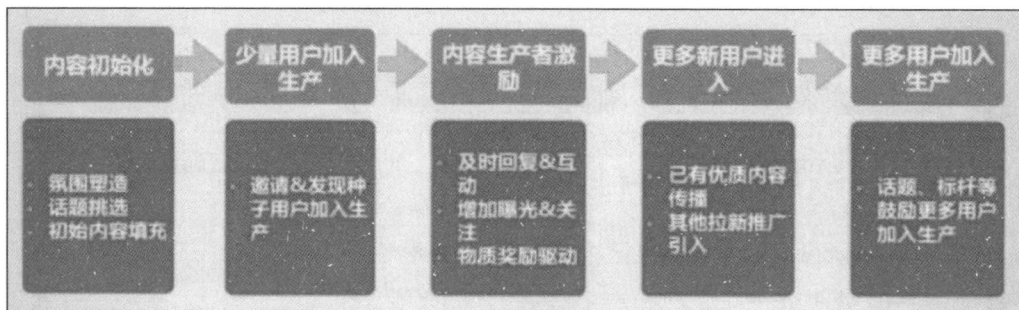

图 6-8　UGC 的内容生产生态搭建

值得注意的是，在互联网平台上，用户参与模式在不断变化中，其变化的过程如图 6-9 所示。

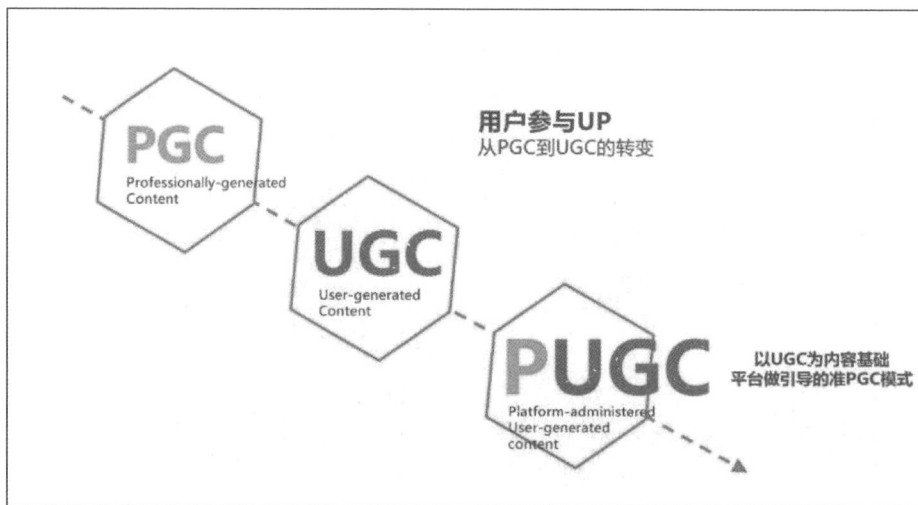

图 6-9　用户参与模式的变化过程

6.2.4　明星推荐

小红书之所以这么火爆，一开始也是因为有明星入驻，然后带动一批明星的粉丝进入，通过明星来为平台引流。在小红书中，明星推荐也是一大特点。明星发布的笔记及推荐的产品，往往不太需要考虑点赞和排名的问题，分分钟便会有大量的明星粉丝购买。

而且，在小红书上，明星发布的推荐笔记往往商业气息也不是很强，都比较偏向于个人化的推荐。产品通过明星以个人化的方式发布笔记，往往可以增加用户对产品的信任度，并将其转化为品牌的直接购买力。因此，很多品牌方都愿意与明星合作推广自己的产品。

6.3　分析营销推广实战

在互联网时代，借用小红书平台进行营销推广已经是一种市场潮流。实际上，小红书社区以高质量的社区内容增强用户黏性，又以用户自发分享的笔记吸引更多用户。小红书深刻理解年轻人的生活方式，以共享为前提，以吃喝玩乐为主要消费模式，吸引了大批忠实用户。本节便来看一下小红书的营销推广实战情况。

6.3.1　优质笔记绑定商品

在小红书中发布笔记的时候，在笔记中添加商品链接是一种很好的推广方式，尤其是在优质笔记中绑定商品，能够很好地吸引消费者购买商品。

想要在小红书笔记中添加商品链接其实非常简单，但是需要先开通专业号。博主进入创作中心，然后点击"更多服务"按钮，即可进入"更多服务"界面。在"更多服务"界面中，❶选择"开通专业号"选项，即可进入"小红书专业号"界面；❷点击"成为专业号"按钮即可，如图 6-10 所示。

在小红书 App 中，笔记中有商品链接一般分为两种情况：一种是博主自行添加的，为相关的商品引流；另一种是小红书系统自动添加的，强行为用户"种草"。如果博主对系统强行添加的链接不满，那么找小红书官方反馈即可。

需要注意的是，如果笔记的博主没有自己的店铺，那么添加的商品链接只

图 6-10　开通专业号

能是其他店铺里的商品，为他人引流。因此，推荐博主加入品牌合伙人，这样在笔记中添加商品链接还能为自己增加收益。

如果博主有自己的店铺，那么就可以充分利用笔记的引流功能为自家店铺引流了。在笔记中添加商品链接，能够最大限度地利用小红书平台的曝光机制，让自己的商品进入更多人的视野中。图 6-11 所示为小红书的品牌合伙人发布的优质笔记，在笔记中添加商品链接，为品牌方引流。

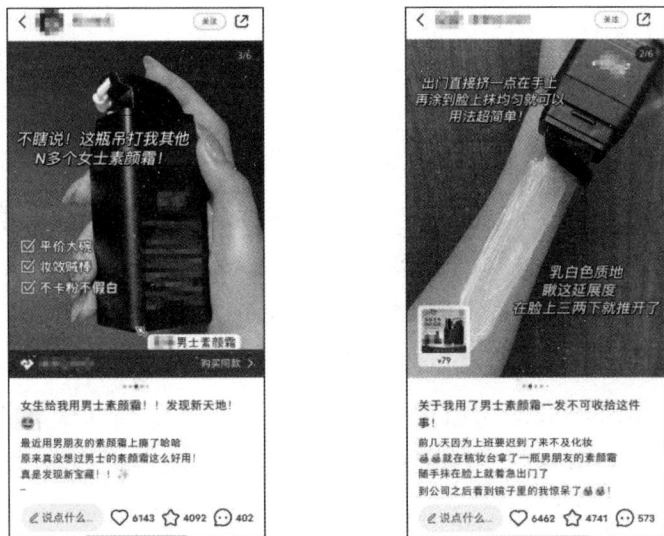

图 6-11　博主发布优质笔记引流

6.3.2 营销活动获取流量

小红书的营销活动实际上也就是多种形式和多种范围的促销活动。小红书平台的促销形式主要有两种：一种是商家促销；另一种是多品促销。二者的主要区别如图6-12所示。

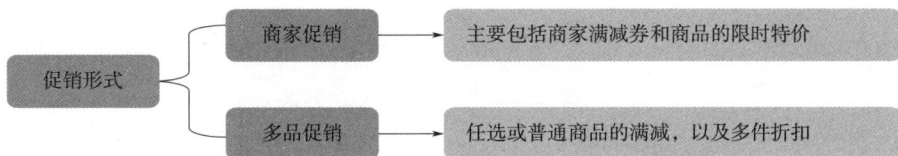

图6-12 两种促销形式的主要区别

如果商家想要报名参与小红书的促销活动，则需要店铺分大于或等于3分，店铺商品的类型、价格、库存等符合活动的要求，这样在小红书发布活动通知之后，店铺就可以报名参与促销活动了。

>>专家提醒>>>>>>.. .>>>> .>>>>>>

> 需要注意的是，不管是什么电商平台，商家参与促销活动都是一种让利的行为，通过降低商品价格、降低店铺能够获得的利润吸引更多消费者购买商品，从而打响店铺名声，赢得口碑。

另外，如果商家参与了小红书的促销活动，虽然可以中途取消促销或者下线活动商品，但是这样做会对店铺信誉产生无形的影响：一是会对店铺口碑产生不良影响；二是小红书平台可能不会让该店铺参加以后的促销活动。

那么，在参与小红书平台的促销活动之后，商家应如何提高自家店铺的点击CTR呢？笔者认为，可以从页面设计、广告宣传和用户定位三个方面来进行分析，如图6-13所示。

>>专家提醒>>>>>>.. .>>>> .>>>>>>

> CTR是Click Through Rate的缩写，意为点击通过率，是一种广告术语，指的是用户通过点击广告到达目标网页的到达率。

页面设计	商品标题最好主题明确，有吸引力；商品配图颜色靓丽，吸人眼球；不夸大宣传，让用户能获知正确、详细的商品知识
广告宣传	精准投放广告，可以借助小红书中KOL的力量，让店铺的促销活动能最大限度地让消费者知道
用户定位	先根据店铺商品来分析定位用户，再根据用户定位来寻找合适的推广宣传渠道、推广方法和推广KOL

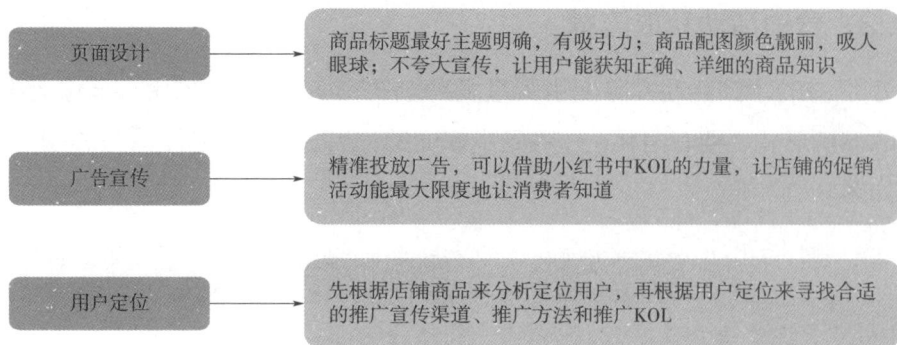

图 6-13　商家提高点击 CTR 的方法

第**7**章
引流转化获利技巧

虽然小红书一开始只是一个社区类的种草平台，但是现如今，其商业潜力已经突破了我们的想象。博主掌握一定的技巧，也能在小红书平台上赚取一定的收益。

7.1　探寻小红书引流技巧

在众多平台中，小红书是非常受各大品牌主关注的平台之一，尤其是在美妆、母婴等行业，是各大品牌、商家必争的"战场"之一。

作为一个种草平台，与其他平台相比，小红书平台中用户搜索的目的性更加精准，而且购买的欲望也更强。那么，如何将这些有着更强的购买欲望的用户引到自己的私域呢？本节便来看一下引流的技巧，帮助博主获得更多精准的用户。

7.1.1　账号信息引流

大多数博主在平台运营的过程中，都喜欢在个人账号简介或内容载体中留下自己的联系方式，以便将平台上的流量和粉丝引流到其他平台中再进行转化获利，如图 7-1 所示。

用户点开博主的主页，便可以看到博主的账号信息，因此，在账号信息中写明自己的联系方式，便能够很好地引流。很多博主都会在主页上加入邮箱、微博昵称、淘宝店铺名称等信息，方便用户在浏览到感兴趣的内容时可以随时联系博主。

图 7-1　新红平台品牌种草榜

7.1.2　评论引流

除了在账号信息中介绍自己的联系方式，博主还可以通过评论区给自己引流。有的用户可能不太会点击进入博主的主页，但是会看评论区，因此，通过评论区给自己引流也能够吸引很大一部分用户。

值得注意的是，博主可以自己设置一个小号，将小号的名字改为与大号相关的，然后用小号对大号下面的评论进行回复，可以回复一些比较热门的、前沿的评论，不需要每条都进行回复。另外，博主还可以在小号上发布一些有联系方式的笔记，然后用大号收藏，这样当用户点开大号的信息时，也可以看到博主的相关联系方式。

7.1.3　品牌打造

相对于其他平台来说，小红书更容易打造品牌，也更容易营销。品牌打造一开始要注重的是品牌的形象，小红书便可以通过笔记的形式向大家推荐种草，打造良好的品牌形象。因此，许多品牌一开始便会选择在小红书上打造品牌形象。许多品牌也更愿意在小红书上进行推广引流，如图7-2所示。

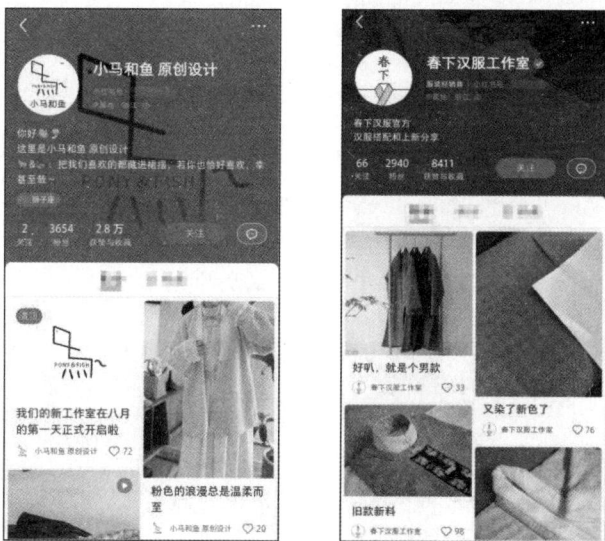

图7-2　小红书上的品牌号

7.1.4　打卡功能

小红书上有一个特别的功能，即打卡功能，如图7-3所示。

博主借助打卡功能可以正常引流，这种方式非常高明且奇特。用户点击进入博主的主页便能够知道怎么联系博主。一般而言，如果在账号简介中博主发布的信息过多，那么联系方式可能会被隐藏；而打卡功能不会，反而更加引人注目。

7.1.5　置顶笔记引流

有些博主会置顶自己的笔记，置顶的笔记通常浏览量非常大。一般来说，被置顶的笔记都会在左上方显示"置顶"二字，如图7-4所示。

有的博主的私信很多，可能会导致账号受限，因此，博主可以通过发布置顶笔记的方式来引流。但是这种方式可能会收到官方的通知，主要是因为含有联

图 7-3　小红书上的打卡功能

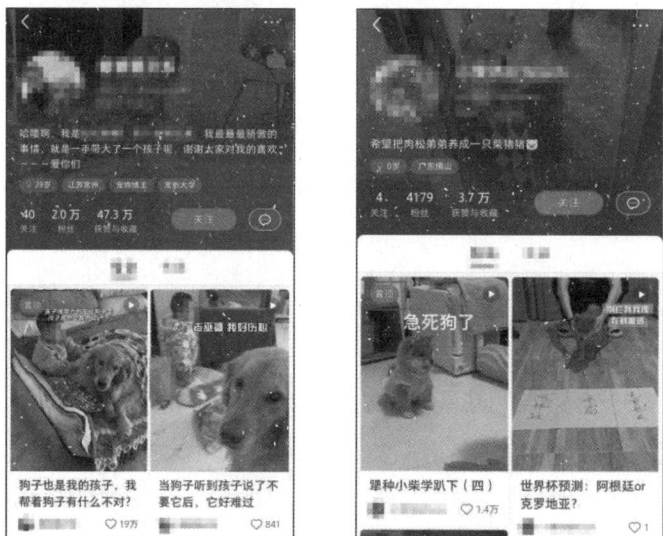

图 7-4　置顶笔记

系方式的置顶笔记可能不会被推荐。但是作为置顶笔记，在博主的个人主页上也很醒目，这样也可以将精准的用户引流到私域。

7.1.6　图片引流

　　除了以上这些引流技巧，还可以在图文笔记中的图片中加入一些店铺或者品牌的名称。这种方式一般在穿搭类笔记中比较常见，如图 7-5 所示。

图 7-5　图片引流笔记

这种方式比较隐蔽，有的用户在观看的时候可能发现不了，博主便可以在评论区中提醒一下。

7.1.7　私信引流

私信引流就是通过发送私信的方式将需要引流的信息发送给对方，可以在正文或者评论区中让用户给你发送私信，如图 7-6 所示。当然，这种方式不能太过引人注意，也不能加入敏感词、违禁词等，否则会被平台检测出来。

很多博主都通过发送私信的方式进行引流，一方面，风险并没有那么大，并且愿意发送私信的用户都是对你的内容非常感兴趣的用户；另一方面，私信是以一对一的方式进行交流的，对方能够精准地接收到你的引流信息。

7.1.8　个人品牌词引流

打造个人品牌词就像打造人设一样，好的人设可以让人轻易记住，同样，好的个人品牌词也能提高账号的辨识度，加深用户的印象。

以个人品牌词的方式引流主要有两种方法。一种方法是通过将个人品牌词与其他平台相关联，当用户在这个平台上关注你时，在使用另一个平台的时候，也能够根据个人品牌词找到你。图 7-7 所示为博主零青子与其他平台相关联的账号。

图 7-6　私信引流

　　另一种方法是通过不断提及个人品牌词的方式加深用户对于个人品牌词的印象，从而达到引流到其他平台的目的。当然，个人品牌词要加入第三方平台中，这样才能更好地引流。博主在确定个人品牌词的时候，一定要注意以下几点。

1. 特点鲜明

　　个人品牌词就好像一个广告词，这个广告词必须有着鲜明的自我色彩，例如，加上一些创意和特色。如图 7-8 所示，加上"微胖""162"这样的个人品牌词，更能精准地吸引用户。

2. 与账号定位相符

　　博主在打造个人品牌词的时候，不能随意确定，一定要符合账号的定位。个人品牌词是帮助博主提升关注度、提高热度的方式，当个人品牌词与账号定位

图 7-7　与其他平台相关联的账号

图 7-8　特点鲜明的笔记

大相径庭的时候，是无法提升账号的知名度的。

如图 7-9 所示，该账号给自己打造的个人品牌词为美食。该账号的昵称是小卷美食，与自己的定位相符。这样在首页看到笔记的时候便知道博主的定位是与美食相关的，想要了解美食的用户便会点开博主的主页甚至关注博主。

7.1.9　评论区引流

在评论区引流是一种较为直接的引流方式。在评论区中，博主可以直接和

图 7-9　定位相符的个人品牌词账号

用户交流。评论区引流有两种情况：在自己的评论区中引流和在其他博主的评论区中引流。下面来看一下这两种方式。

1. 在自己的评论区中引流

顾名思义，在自己的评论区中引流就是在自己的评论区中将小红书中的流量引到其他平台中。

一般来说，能对你的笔记进行评论的用户都对你的笔记内容有着浓厚的兴趣，因此，这些用户就是你的精准用户。

值得注意的是，引流是为了将用户引到其他平台上，那么主要有哪些平台呢？大致分为以下两种：

（1）线上平台

线上平台可能是一些第三方电商平台。如图 7-10 所示，读书博主在推荐好书的同时，告诉大家相关的优惠活动，引导大家前往第三方平台进行购买。

（2）线下商店

随着网络技术的快速发展，人们通过网络便可以知道千里之外的事情，因此，有很多已经在线下开设了店铺的博主，仍然选择在网络平台上开设账号，让各地的用户都能知道自己的店铺，从而吸引更多的用户走进自己的线下商店。

图 7-11 所示为小红书中的线下商店运营账号。博主通过将线下商店的具体

图 7-10　线上平台引流

情况在平台上展示给用户，让他们能够足不出户地了解到线下商店的全部信息，感兴趣的用户便会被吸引，从而走进线下商店。

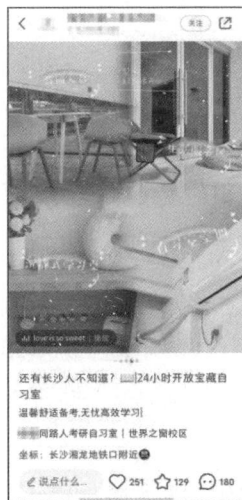

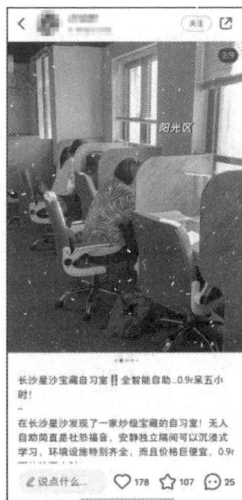

图 7-11　小红书中的线下商店运营账号

2. 在其他博主的评论区中引流

有的博主会选择在其他博主发布的笔记的评论区中进行引流，这种方式有可能会引起其他博主的反感。因此，在进行评论引流的时候一定要注意方式方法，避免引起其他博主的反感。

值得注意的是，当你在其他博主的评论区中进行引流的时候，一定要选择热度相对较高的笔记评论。如果在热度不高的笔记下面留言，那么观看的人也会很少，也就没有必要在其他博主的笔记中引流了。

另外，要选择与自己的账号定位相类似的，即在同一领域内。如果你是美妆领域的博主，而你选择在一位读书博主的笔记下面留言，很显然会引起读书博主的反感，而且也达不到引流的效果。

7.2　通晓小红书转化获利渠道

虽然小红书相对于抖音、快手、B 站等平台而言，火热程度稍微低一些，但是它也是一个重要的内容创作平台。那么，小红书博主该如何通过平台来赚钱呢？本节笔者总结了几条转化获利渠道，帮助大家获取收益。

7.2.1　品牌合作

一些品牌为了提高知名度，会选择以素人铺量的方式来进行推广，所以，当你的账号有了一定的粉丝量并且达到品牌合作的要求之后，你便可以开始接一些品牌广告了。

当然，当你选择接品牌推广的时候，一定要选择与自己的账号定位相符的品牌，毕竟小红书的核心便是分享，分享你的经验、体验等，所以，只有当你的品牌推广与你的账号定位相统一的时候，在笔记中加入你的使用体验，用户才会对你推荐的产品有信心。

如果你一开始接触品牌推广时，不知道如何做才能达到最佳的推广效果，则可以通过新红平台查看品牌的种草笔记等相关信息。图 7-12 所示为新红平台品牌种草榜。

以京东为例，在新红平台中点开京东的品牌详情，便可以看到京东的品牌概况、品类分析、种草笔记等，如图 7-13 所示。

与品牌合作的笔记可以将自己的使用体验介绍出来，当然内容还取决于品牌方的具体要求。与品牌合作而创作出来的笔记一般都会 @ 品牌方，或者在笔记中插入品牌方的链接。图 7-14 所示与兰蔻品牌合作的笔记。

图 7-12　新红平台品牌种草榜

图 7-13　新红平台京东品牌详情

图 7-14　与兰蔻品牌合作的笔记

7.2.2 直播转化获利

在小红书中也可以开通直播，因此，一些博主可以通过直播的方式将自己的产品推荐给用户，从而达到转化获利的目的。一般来说，直播主要有两种情况。一种情况是为自己的产品带货，这种情况通常是博主在小红书中有自己专门的店铺，如图 7-15 所示。

图 7-15　自己的产品带货直播

另一种情况是为合作的商家进行推广，如图 7-16 所示。一般这种直播的账号有一定的粉丝基础，但没有在小红书中开设自己的店铺，通过与其他品牌合作来获得收益。

7.2.3 推广合作

在小红书平台中也是可以开店的。在小红书平台中有一个商场专区，当用户浏览到喜欢的商品时，无须跳转到第三方平台，便可以直接在小红书平台中购买，如图 7-17 所示。

图 7-16　与商家合作的直播

因此，一些博主可以在小红书平台中通过自营或者分销的方式开设店铺。在小红书中，当你的账号升级为专业号之后便可以开店。而在你的账号有了一定的影响力及粉丝基础后，便可以在笔记中插入店铺的链接。图 7-18 所示为插入链接的笔记，用户点击上面的链接便可以直接购买。

图 7-17　商场专区

图 7-18　插入链接的笔记

7.2.4　品牌转化获利

众所周知，小红书是一个生活方式分享平台及消费决策入口，因此，为了给用户和消费者提供更好的购物消费体验，平台不断邀请大量优质品牌商家和企业入驻。对于影响力较大的品牌主来说，就可以利用自身的品牌来转化获利。图 7-19 所示为品牌主的入驻流程。

图 7-19　品牌主的入驻流程

7.3　领略小红书转化获利项目

不管博主是在线上做副业、做电商引流，还是开设线下实体店，小红书的用户质量和引流能力都比其他平台要好，而且投入成本低、转化获利能力强。

现在，越来越多的博主不仅仅局限于种草，而开始引流转化获利。但是，有的项目或领域容易转化获利，而有的项目或领域则不太容易转化获利。本节，我们便来领略一下小红书中容易转化获利的一些项目。

7.3.1　小众设计师服饰

小众设计师服饰是一个很好的转化获利项目。每个人喜欢的服饰风格不同，有的人喜欢那些大众款，容易搭配衣服，但是有的人就喜欢那种小众设计师服饰。

小众设计师服饰有一定的设计感、风格性，能够吸引一定数量的用户。博主可以按照"买手号"的方式，将样衣拍摄出来，然后引导用户去购买，或者引流到私域，进而转化获利。

图 7-20 所示为两个小众设计师品牌服饰推广笔记。可以看出，这两种品牌服饰都有着独特的风格。

图 7-20　两个小众设计师品牌服饰推广笔记

7.3.2　考证资料

针对考证资料这一项目，已经有很多博主做了很多的账号矩阵，也成功进行转化获利。在这一项目中，不管是作为主业，还是作为副业，许多博主成功做到了月入几万元甚至更多。以公考为例，博主如果有相应的资料，则可以将这些资料整理出来，然后将其重要性介绍给用户；如果没有相应的资料，则可以介绍公考的一些重要知识点，如常识积累等，如图 7-21 所示。

图 7-21　公考资料笔记

7.3.3　伴 手 礼

　　伴手礼也是一个比较容易转化获利的项目，在这一项目中有一点点优势的博主，最少也可能有 10 个账号矩阵。值得注意的是，伴手礼属于典型的团购业务，买单件的很少，一般都是 4 件、10 件，甚至几十件一起购买的，而且每件伴手礼的单价不是很低。

　　此外，现在的伴手礼博主或商家都将伴手礼装饰得很好看，以便吸引更多用户购买，如图 7-22 所示。

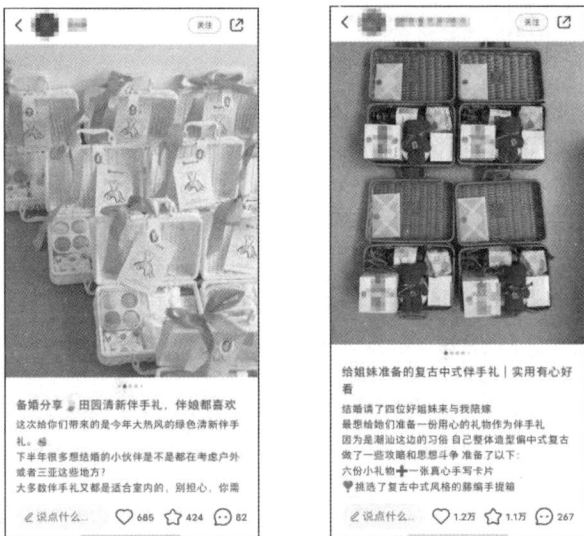

图 7-22　伴手礼笔记

第 **8** 章
做好直播前期预热

相比于其他电商平台，小红书社区直播板块的开设在时间上更晚一点，但依托其充足的流量和以消费欲望强烈的年轻女性为主的用户群体，品牌主、博主在小红书社区中进行直播，对商品的销售、口碑的营销等会起到长足的作用。

8.1 明晰开播必备技巧

要想在小红书中开直播，主播首先要做好一些必要的准备工作，包括直播空间、背景装饰、网络设备、灯光设置、摄像工具、耳麦设备、声卡设备、商品摆放、隔音装置等，这些都是搭建专业带货直播间的基础元素。

此外，主播还需要学会一些开播技巧，使自己的直播间能够吸引更多的用户，打造出一个火爆的直播间。

8.1.1 直播准备

优秀的直播间能够增强氛围，促进用户下单。下面主要介绍布置小红书直播间的一些基本要素，帮助主播做好直播的准备工作，为之后的直播打好基础。

1. 直播空间

直播空间主要包括房间面积和直播角度两部分。

（1）房间面积

直播间的房间面积不宜过小或过大，通常为 20~50 m^2，这样不仅能够容纳直播设备和主播，而且还可以摆放足够多的商品。

（2）直播角度

主播在直播时，主要有坐姿和站姿两种姿势，其直播角度设置方法如图 8-1 所示。

2. 背景装饰

主播在选择直播间的墙纸或墙漆等背景装饰物时，需要注意以下事项，如图 8-2 所示。

另外，直播间的背景墙如果是白色的墙壁，那么主播要尽量用墙漆、墙纸或背景布重新装饰一下，以提升直播间的视觉效果。

3. 网络设备

直播离不开网络，室内直播主要使用宽带或 Wi-Fi 等联网方式，户外直播则需要使用无线网卡设备，手机直播还可以使用手机卡自带的流量。

不管使用哪种连网方式，主播都需要确保直播时的网络畅通。建议上传速度保持在 20 MB/s 左右，这样直播才不会出现卡顿的情况。

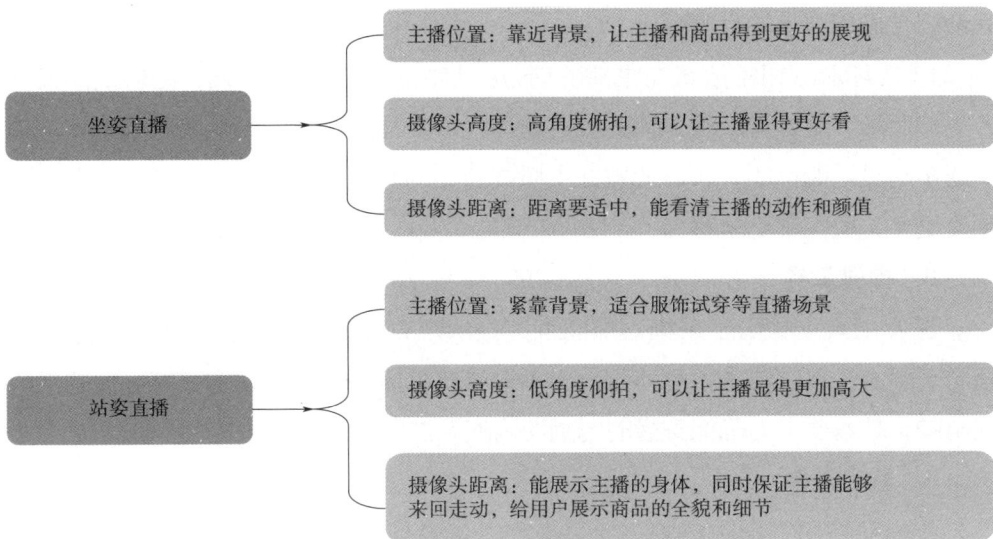

图 8-1　坐姿和站姿的直播角度设置方法

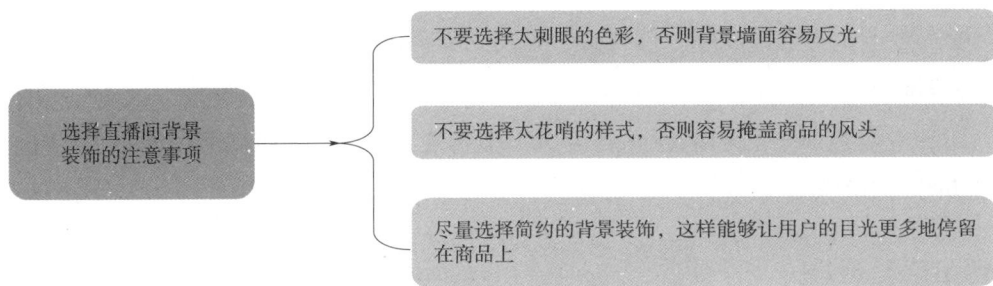

图 8-2　选择直播间背景装饰的注意事项

4. 灯光设置

直播间的布光要求相较于拍摄短视频来说要稍低一些，通常只需要一盏顶灯和两盏补光灯即可，当然这也是基础的搭配方案。

（1）顶灯

顶灯通常安装在直播间的房顶上，位置最好处于主播的头顶上方 2 m 左右，作为整个直播间的主光源，起到照亮主播、商品和环境的作用。主播在选择顶灯设备时，可以挑选一些有主灯和多个小灯的套装，这样能够从不同角度照射到主播，让其脸部清晰明亮，同时消除身后的背影，以及确保商品不会产生色差。

（2）补光灯

直播间通常会用到两盏补光灯，即 LED 环形灯和柔光灯箱，两者搭配使用来增强主播和商品的直播效果。

LED 环形灯通常放置在主播的前方，将色温调节为冷色调，能够消除顶灯产生的阴影，更好地展现主播的妆容造型，以及提升商品的轮廓质感。柔光灯箱则通常是成对购买的，可以放置在主播或商品的两侧，其光线均匀柔和，色彩饱和度更好，层次感更丰富。

5. 摄像工具

摄像工具主要用于采集直播画面，是决定直播效果的关键设备。小红书直播对于摄像工具的要求不是特别高，不像游戏直播那样，需要购买高配置的手机或电脑，基本要求为确保直播时的画面清晰且流畅即可。

6. 耳麦设备

主播在使用笔记本电脑进行直播时，如果是品质较好的笔记本电脑，则可以直接用自带的麦克风（也称为话筒）来直播。如果是一般的台式电脑，或其他品质稍差的笔记本电脑，则自带的麦克风效果就比较差了，不仅声音小，而且还可能有杂音，不推荐使用，建议买一个独立麦克风，能够让直播中的声音效果更加甜美动人。

独立麦克风一般包括动圈麦克风和电容麦克风两种类型，两者的主要优缺点如图 8-3 所示。

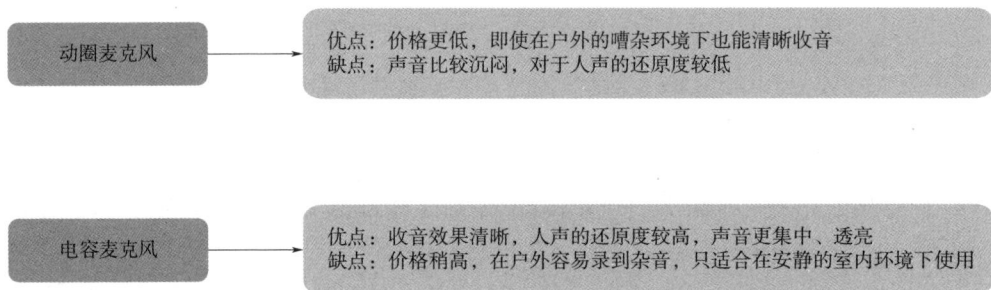

动圈麦克风	优点：价格更低，即使在户外的嘈杂环境下也能清晰收音 缺点：声音比较沉闷，对于人声的还原度较低
电容麦克风	优点：收音效果清晰，人声的还原度较高，声音更集中、透亮 缺点：价格稍高，在户外容易录到杂音，只适合在安静的室内环境下使用

图 8-3 动圈麦克风和电容麦克风的优缺点

7. 声卡设备

麦克风主要用来采集声音，而声卡则主要用来处理声音，可以把麦克风收录的声音传输到电脑或手机上，同时能够让主播的声音更好听。

（1）手机声卡

市场上比较好的声卡品牌非常多，如雅马哈、森然、富克斯特、艾肯、莱维特、得胜等，其中 RME、得胜、莱维特和森然这几个品牌比较适合手机直播。手机声卡的主要优势在于性价比较高，内置大容量电池，能够实现长时间续航，而且可以兼容各种 App 和直播平台。

（2）电脑声卡

电脑声卡主要包括内置声卡和外置声卡两种类型。

内置声卡通常是电脑主板自带的，或者另外安装的 PCI-E 接口声卡，通常价格比较低，音质效果也比较纯净。

外置声卡拥有更加丰富的接口和强大的扩展功能，但价格通常也比较高，具有更好的声音品质，以及多样化的变音效果和场景音效。图 8-4 所示为艾肯（iCON）4nano 外置声卡。

图 8-4　艾肯（iCON）4nano 外置声卡

8. 商品摆放

电商直播离不开商品，通常主播会同时介绍多个商品，而且同一个商品也有很多不同的款式，因此，在直播间里摆放商品也非常有讲究，主播需要根据直播的商品和类目来选择合理的摆放方式。

货架摆放是指将商品置于货架上，放在主播身后，这种摆放形式比较适合鞋子、化妆品、零食、包及书籍等小商品。在使用货架摆放商品时，需要注意以下事项，如图 8-5 所示。

悬挂摆放是指用架子将商品悬挂起来，比较适合易于悬挂的商品，如衣服、裤子、雨伞、毛巾等，能够让用户对商品的整体效果有一个比较直观的了解。

桌面摆放是指将商品直接摆在桌子上，放在主播的前面，比较适合美食生鲜、美妆护肤、珠宝饰品等类目的商品。

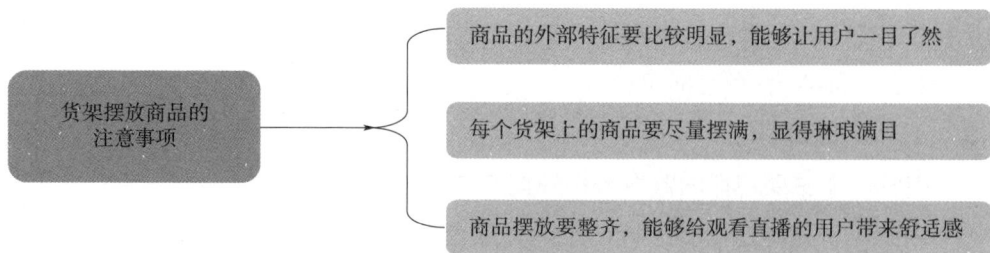

图 8-5　货架摆放商品的注意事项

9. 隔音装置

小红书直播主要通过画面和声音来打动用户，促使他们购买商品。因此，主播需要选择一个比较安静的直播场所，以及做好直播间的隔音处理。如果直播间本身的隔音效果不好，那么主播可以购买一些隔音海绵或者防风胶条，将其贴到门窗的缝隙上，也可以直接贴在墙上，以此来避免附近的杂音干扰，如图8-6所示。

图 8-6　隔音海绵

8.1.2　开通直播

目前小红书支持手机直播，手机直播的主要优势是可以随时随地开播，而且操作步骤非常简便，但手机直播的可拓展性较差、清晰度较低，也不能实现特效贴片装潢效果，比较适合新开播主播或不熟悉电脑操作的主播。

小红书直播是小红书社区中面向 KOL 推出的实时互动工具，KOL 可以在直播间里进行更加生动有趣的购物分享、生活分享、好物带货及与粉丝进行亲密互动。

主播在小红书中开通直播需要满足以下三个条件，如图 8-7 所示。

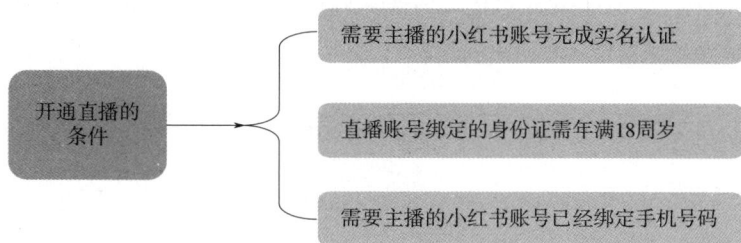

图 8-7　在小红书中开通直播需要满足的条件

需要注意的是，如果主播想要在小红书社区中申请开通带货直播权限，首先需要开通企业号。开通企业号的条件在前文中已有阐述，这里不再赘述。当企业号满足相应条件后，方可申请开通直播。

企业号申请开通直播的条件如下：

- 粉丝数量达到 500 人。
- 有一定的活跃度，如在过去的 28 天中，有 15 天登录小红书 App。
- 现阶段小红书直播只限定于部分行业，如餐饮、生活服务、出行旅游、文化传媒、家居建材、教育培训、交通工具、工农业和通信。

>>专家提醒>>>>>>.. .>>>> .>>>>>>

　　值得注意的是，现阶段小红书社区的直播暂不支持回放功能，因此，主播或者个人博主在直播时一定要清楚、直观地将商品的优劣展示给其他用户，在直播过程中促使他们购买商品。

8.1.3　直播运营

主播只有做好直播运营的相关工作，如遵守小红书平台的直播规则、做好封面和标题的优化，以及把握好直播各阶段的细节事项等，才能让自己的直播间获得更多的曝光和流量，为店铺带来更多的消费人群。

1. 直播规则

主播要想在小红书平台上进行直播，就需要遵守小红书平台的《小红书直播带货管理规则》，这项规则于 2021 年 5 月 24 日正式生效。如果主播没有遵守相应的直播规则，则很可能面临被封号的危险。

图 8-8 所示为小红书社区的《小红书直播带货管理规则》的部分条例，需要广大主播注意。

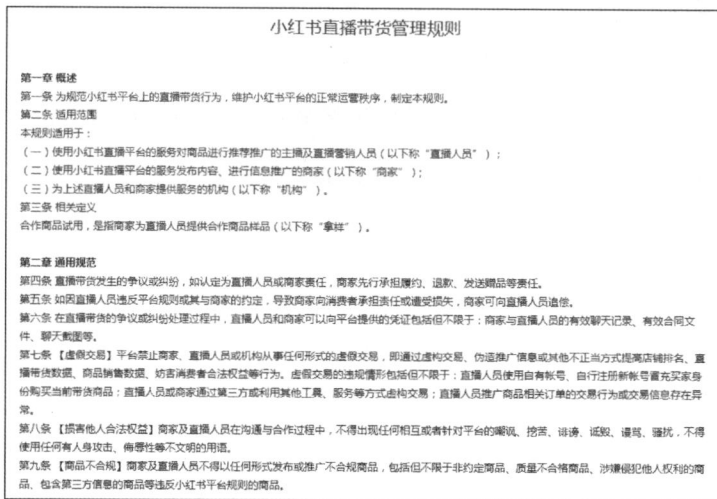

图 8-8　《小红书直播带货管理规则》的部分条例

2. 视觉优化

主播在小红书平台上进行直播时，还需要对直播间进行一定的视觉优化处理，包括直播封面、直播标题、直播公告、主播妆容等细节，从而让直播间获得平台的推荐，赢得更多的流量。

（1）直播封面

小红书直播的封面图通常包括主播人像图和带货商品图两种类型，不同的类型有不同的封面质量标准，下面进行具体介绍。

对于歌舞娱乐类或者专业技能类的主播来说，可以使用自己的人像图作为直播封面，具有打造个人 IP 的作用。优质人像封面图的相关标准如图 8-9 所示。

如果主播的目的不是打造个人 IP，而是想通过直播来提升商品的销量，那么可以选择商品图作为直播封面。优质商品封面图的相关标准如图 8-10 所示。

（2）直播标题

小红书直播的标题需要简单明了，让用户快速了解直播的商品或内容；或者使用煽动性很强的标题，促使用户前往直播间购买商品。

优质的卖货类直播间标题需要明确直播主题，突出内容亮点。下面为卖货

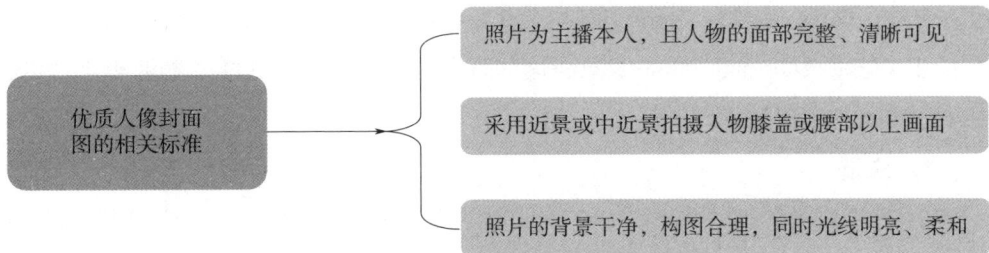

图 8-9　优质人像封面图的相关标准

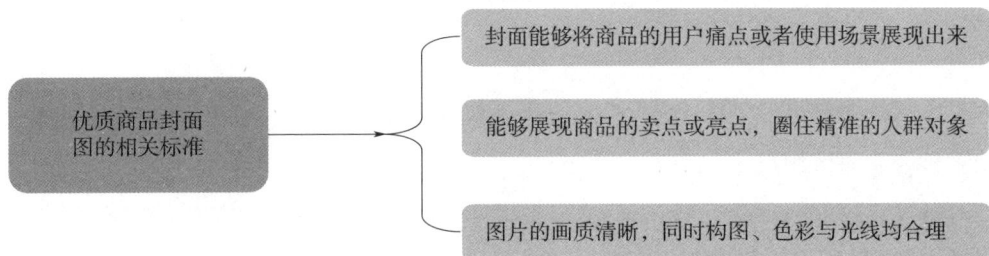

图 8-10　优质商品封面图的相关标准

类直播间标题的一些常用模板。

- 模板 1：使用场景 / 用户痛点 + 商品名称 + 功能价值。
- 模板 2：情感共鸣型标题，更容易勾起用户的怀旧心理或好奇心。
- 模板 3：风格特色 + 商品名称 + 使用效果。
- 模板 4：突出活动和折扣等优惠信息。

（3）直播公告

直播间的公告牌拥有很多使用场景，而且主播可以自行策划其中的文案内容，方便在不同时间进入直播间的用户查看本场直播的重点信息。

（4）主播妆容

一个精致的妆容可以让主播看上去更加精神。对于在小红书平台上开播的主播来说，妆容的基本原则是"简单大方，衣着整洁"。

其实，小红书主播的妆容和日常生活中的妆容并没有太大的差别，只要注意化妆和穿搭过程中的一些小要领即可，从而更好地把直播主题与个人形象相结合，做到相得益彰。

8.1.4　直播管理

直播管理需要主播对直播间人员进行细致分工。一个完整的小红书直播间包括主播、助播、运营、场控、数据分析、客服等工作人员。当然，有能力的主播也可以身兼数职，但同样需要厘清这些直播角色的功能，这样才能够事半功倍，提升直播间的带货效率。

1. 主播

小红书主播不同于其他电商平台的主播，他们可能会经常跨品牌和类目进行带货，而小红书则要求主播要深入了解自己所带货的商品。商家在选择主播时，或者将自己打造为店铺主播时，还具有一些基本要求，具体如图 8-11 所示。

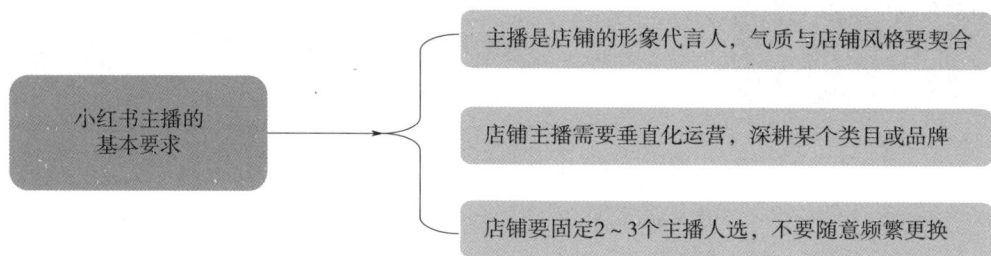

图 8-11　小红书主播的基本要求

2. 助播

助播简单理解就是帮助主播完成一些直播工作，也可以称之为主播助理，其工作内容包括直播策划、协助直播、参与直播，具体如图 8-12 所示。

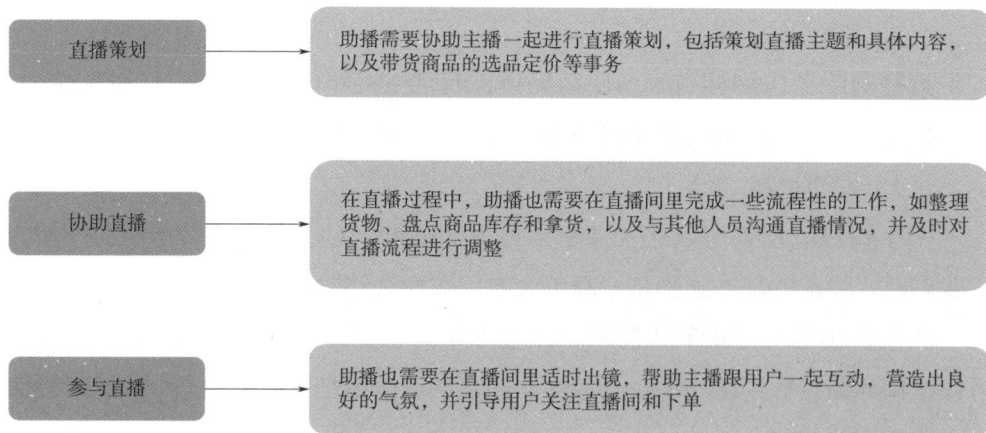

图 8-12　助播的具体工作内容

对于主播来说，助播能够起到锦上添花的作用，一主一辅相互配合，彼此是一种相互依赖的关系。

3. 运营

直播间运营是一个非常重要的岗位，其主要工作任务都在直播前期的策划上，包括策划直播脚本、策划与执行活动、直播商品的选品等，具体如图8-13所示。

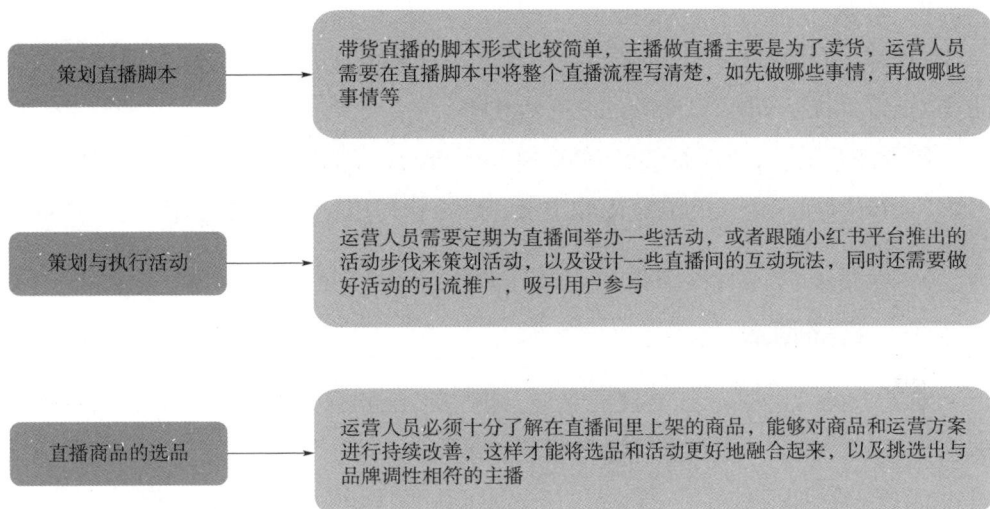

策划直播脚本	→	带货直播的脚本形式比较简单，主播做直播主要是为了卖货，运营人员需要在直播脚本中将整个直播流程写清楚，如先做哪些事情，再做哪些事情等
策划与执行活动	→	运营人员需要定期为直播间举办一些活动，或者跟随小红书平台推出的活动步伐来策划活动，以及设计一些直播间的互动玩法，同时还需要做好活动的引流推广，吸引用户参与
直播商品的选品	→	运营人员必须十分了解在直播间里上架的商品，能够对商品和运营方案进行持续改善，这样才能将选品和活动更好地融合起来，以及挑选出与品牌调性相符的主播

图 8-13　运营的具体工作内容

4. 场控

对于主播来说，直播间的场控是一个炒热气氛的重要岗位，不仅可以帮助主播控制直播间的节奏，解决一些突发状况，而且还可以引导粉丝互动。直播间场控的具体要求如图 8-14 所示。

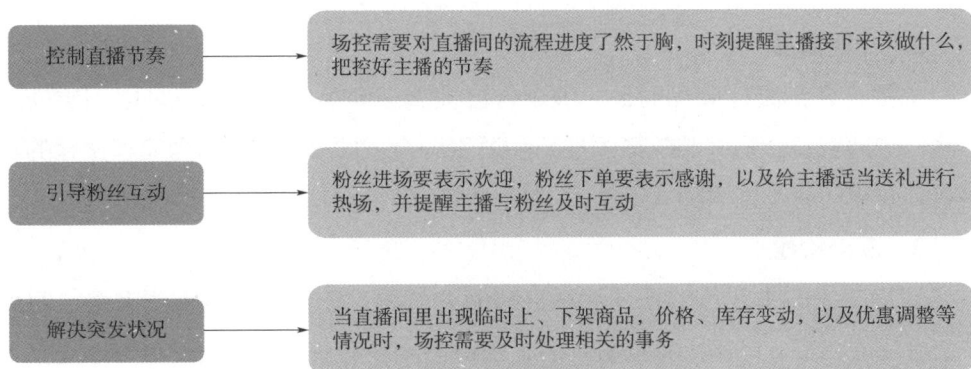

控制直播节奏	→	场控需要对直播间的流程进度了然于胸，时刻提醒主播接下来该做什么，把控好主播的节奏
引导粉丝互动	→	粉丝进场要表示欢迎，粉丝下单要表示感谢，以及给主播适当送礼进行热场，并提醒主播与粉丝及时互动
解决突发状况	→	当直播间里出现临时上、下架商品，价格、库存变动，以及优惠调整等情况时，场控需要及时处理相关的事务

图 8-14　场控的具体要求

对于一些小主播来说，如果运营人员的时间足够多，同时能力也比较强，则也可以由运营来兼任直播间场控一职。

5. 数据分析

直播间的数据分析人员是一个把控全局的岗位，要善于分析数据，做好直播间的总结和复盘，推出爆款商品，并为下一场直播做准备。

6. 客服

直播间客服的主要工作是引导用户观看直播和下单，同时解决用户在直播间里提出的问题，提高直播间的成交转化率。

需要注意的是，客服在给店铺直播间引流时，只需要在黄金时刻进行即可。当然，如果直播间全天的流量都非常大，那么也可以让客服加强引导用户到直播间的频率。

8.1.5 直播脚本

对于一场成功的小红书直播来说，博主不仅要有好的选品、渠道和主播，而且要有好的脚本，也就是主播在直播间里要说的话。直播与短视频一样，都需要提前策划好脚本。

1. 直播开场

在直播开场阶段，用户的心里通常想的是"这个直播间到底是卖什么商品的"，他们进入直播间后一开始都抱着"随便瞧瞧"的想法。

因此，主播在开始直播后，要立刻进入状态，向用户进行自我介绍，话语要有一定的亲密感，以此来拉近彼此的距离。接下来，主播需要表明本场直播的活动主题。图 8-15 所示为笔者整理的一些直播开场脚本示例。

2. 介绍商品

主播在介绍某件商品时，应该全方位地展示商品的相关信息。以服装商品为例，主播需要介绍服装的搭配技巧和适用场合。图 8-16 所示为笔者整理的一些商品介绍环节的直播脚本示例。

3. 互动阶段

互动阶段的主要目的在于活跃直播间的气氛，让直播间变得更有趣，避免产生冷场的状况。在策划直播脚本时，主播可以多准备一些与用户进行连麦互动的话题，可以从以下几个方面找互动话题，如图 8-17 所示。

当然，在一场完整的直播中还包括优惠、秒杀、使用感受等环节。表 8-1 为一个简洁明了的直播脚本范本。

脚本示例一

1分钟：快速进入状态，跟先进来的用户逐个打招呼

1~5分钟：拉近镜头拍摄主播或商品的近景，在与用户互动（签到打卡或抽奖）的同时，透露本场直播的主打爆款，并强调每天的固定直播时间

脚本示例二

1分钟：说出本场直播的利益点，如每件商品都有抽奖活动、红包派送及让利折扣等，并通过留言抽奖活动发动用户互动刷屏

1~5分钟：以讲故事的方式，将商品的品牌、厂家、口碑和销量等内容讲出来，引起用户的好奇心，为直播间聚集更多人气

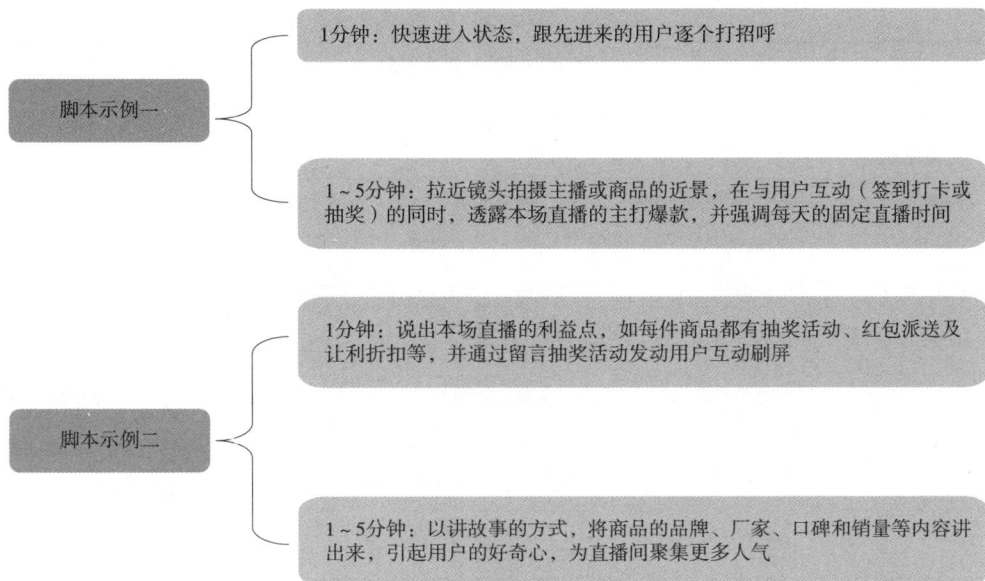

图 8-15　直播开场脚本示例

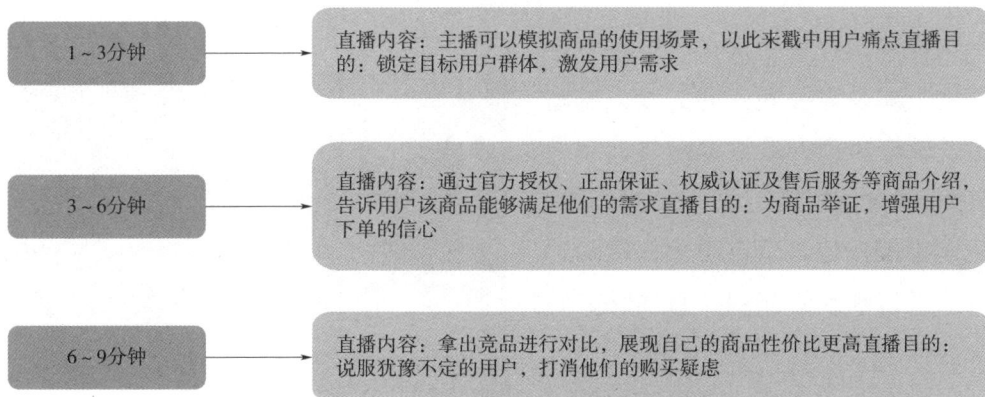

1~3分钟

直播内容：主播可以模拟商品的使用场景，以此来戳中用户痛点直播目的：锁定目标用户群体，激发用户需求

3~6分钟

直播内容：通过官方授权、正品保证、权威认证及售后服务等商品介绍，告诉用户该商品能够满足他们的需求直播目的：为商品举证，增强用户下单的信心

6~9分钟

直播内容：拿出竞品进行对比，展现自己的商品性价比更高直播目的：说服犹豫不定的用户，打消他们的购买疑虑

图 8-16　商品介绍环节的直播脚本示例

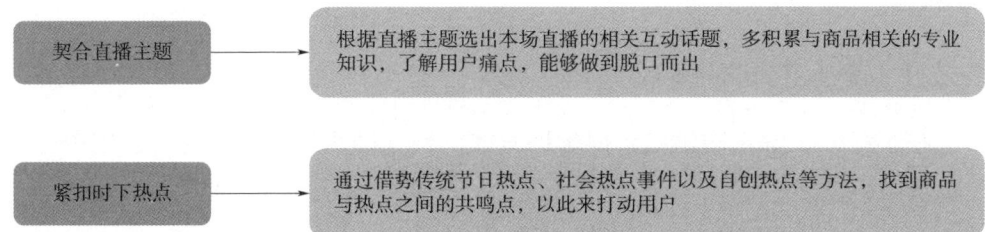

契合直播主题

根据直播主题选出本场直播的相关互动话题，多积累与商品相关的专业知识，了解用户痛点，能够做到脱口而出

紧扣时下热点

通过借势传统节日热点、社会热点事件以及自创热点等方法，找到商品与热点之间的共鸣点，以此来打动用户

图 8-17　找互动话题的相关技巧

表 8-1　简洁明了的直播脚本范本

×× 店铺 × 月 × 日直播脚本				
直播时间	× 年 × 月 × 日　晚上 × 点—× 点			
直播主题				
直播准备	（场地、设备、赠品、道具以及商品等）			
时间点	总流程	主播	商品	备注
× 点 × 分	开场预热	跟用户打招呼并进行互动，引导关注	—	—
× 点 × 分	讲解 1 号商品	讲解商品：时间 10 分钟 催单：时间 5 分钟	×× 商品	—
× 点 × 分	互动游戏 或连麦等	互动：主播与助播互动，发动用户参与游戏 连麦：与 ×× 直播间 ×× 主播连麦	—	拿出准备 好的道具
× 点 × 分	秒杀环节	推出秒拼、甩卖及拍卖等直播商品	×× 商品	—
× 点 × 分	优惠环节	跟用户打招呼，同时与其进行互动，用优 惠价格提醒用户下单，并再次引导关注	×× 商品	—

8.2　提前预告直播内容

　　提前做好直播预告可以在一定
程度上减少直播间开播时没人的尴
尬。做直播预告就是提前告诉用户
直播的时间和内容。图 8-18 所示为
两则直播预告。可以看出，这两则
直播预告都是告知用户直播的时间
与内容。

　　本节便来看一下直播预告的相
关情况，帮助主播做好直播预告，
吸引更多的用户进入直播间。

图 8-18　直播预告

8.2.1　个人主页提醒

　　在小红书上做直播预告有很多种方式，有一种便是在博主的个人主页上进
行展示，一般有两条途径：一是在个人简介上进行展示，这需要博主在直播间里
更改个人简介，增加直播的相关信息；二是增加直播预告，如图 8-19 所示。用
户看到直播预告后，如果想观看这场直播，则点击"预约直播"按钮便可以预约。

值得注意的是，在博主的个人主页上，有一个直播动态，用户点击"直播动态"按钮，便可以看到博主之前的直播时间，还可以点击回顾之前的直播，如图 8-20 所示。

图 8-19　个人主页直播预告

图 8-20　直播动态

8.2.2　开播前发布小视频

在个人主页上进行直播预告有一个缺点，那便是比较隐蔽，一般只有用户点击博主的主页才会知道，而发布小视频则没有这一缺点，如果小视频做得好，还可以进入"推荐"页面，这样看到的用户便会更多，预约的用户也会更多。

在开播前发布一条直播小视频，并在标题及视频中预告直播的时间和内容，便能够直观地告诉用户直播的消息，如图 8-21 所示。

图 8-21　直播小视频

如果用户观看你的视频笔记，正好你在直播，那么你的账号头像上便会显示"直播"二字，如果用户对你的直播感兴趣，直接点击头像，便可以进入你的直播间，如图 8-22 所示。

图 8-22　点击头像进入直播间

值得注意的是，如果能够在预热的短视频结尾处留下一个悬念，便能吸引更多的用户，毕竟人都是有好奇心的，这样做能够达到更好的预告效果。

8.2.3　直播预热小技巧

不管是开直播还是运营账号，优质的内容和适当的推广都是必要的。对于直播来说，适当的推广主要是做好直播预热。那么，怎么做好直播预热呢？笔者总结了几个直播预热的小技巧，我们一起来看一下。

1. 传达直播价值

在直播预热的时候，你要清晰地告诉用户，你的直播间有哪些价值，即你能够给用户带来什么，是实用的干货还是价格优异的商品。

值得注意的是，博主最好对自己的用户有一个清晰的定位，明确他们观看你的直播是为了学到知识、打发时间还是其他原因。只有明确了他们的目的，你才可以在直播标题中写出吸引他们的关键词。

2. 抛出直播福利

抛出直播福利也是快速吸引用户的手段。你可以在直播预热文案、封面中写出直播的福利，如图 8-23 所示，也可以在直播环节设置超多福利活动。

3. 留下直播悬念

留下一个悬念，然后吸引用户到直播间观看是一种很好的方式，往往能够

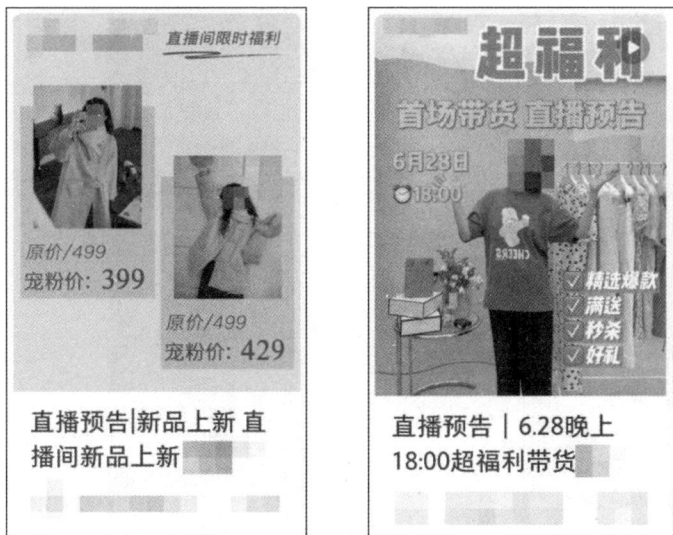

图 8-23　在直播预热文案、封面中写出直播的福利

吸引很多用户预约观看你的直播。而且如果你的直播间内容比较丰富，一条视频无法全部说清楚，便可以使用这种方式来给用户制造痒点。

留下直播悬念的文案可以这样写。

● 填空式：让用户自主联想，吊足用户的胃口（如果不＿＿＿，你们还会点进来吗？）。

● 直击用户关注点："今晚 ×× 主播露脸直播……"

8.3　制作精彩直播预告

在了解了直播预告的相关内容之后，还需要了解怎么制作一个精彩的直播预告。本节便来了解一下制作精彩直播预告的具体步骤。

8.3.1　笔记直播预告

博主可以通过发布笔记的形式来发布一个直播预告。下面便来看一下发布直播预告笔记的具体步骤。

▶▷ 步骤 01　入小红书 App，点击 ➕ 按钮，如图 8-24 所示。执行操作后，进入相应界面，选择合适的视频或照片，点击"下一步"按钮，如图 8-25 所示。

▶▷ 步骤 02　执行操作后，博主可以根据平台提供的功能对照片进行适当的修饰，如图 8-26 所示。点击"下一步"按钮，如图 8-27 所示。

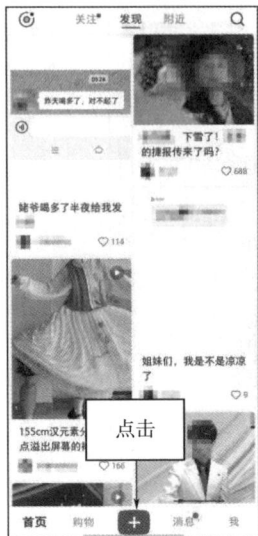

图 8-24 点击 + 按钮

图 8-25 点击"下一步"按钮（1）

图 8-26 修饰照片

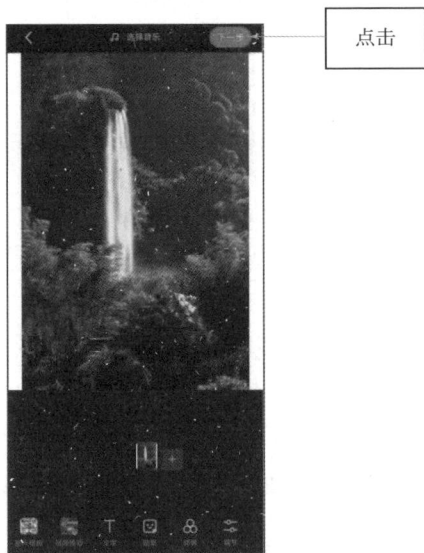

图 8-27 点击"下一步"按钮（2）

▶▷ 步骤 03 执行操作后，进入笔记编辑界面，点击"高级选项"按钮，如图 8-28 所示。进入"高级选项"界面后，点击"直播预告"按钮，如图 8-29 所示。

▶▷ 步骤 04 进入"直播预告"界面，点击"新增预告"按钮，如图 8-30 所示。执行操作后，进入"发布预告"界面，填写"直播标题""开播时间"，如图 8-31 所示。最后点击"发布"按钮即可发布直播预告笔记。

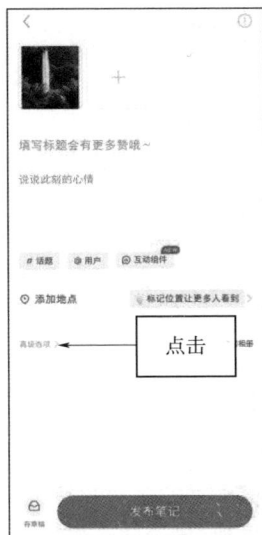

图 8-28　点击"高级选项"按钮

图 8-29　点击"直播预告"按钮

图 8-30　点击"新增预告"按钮

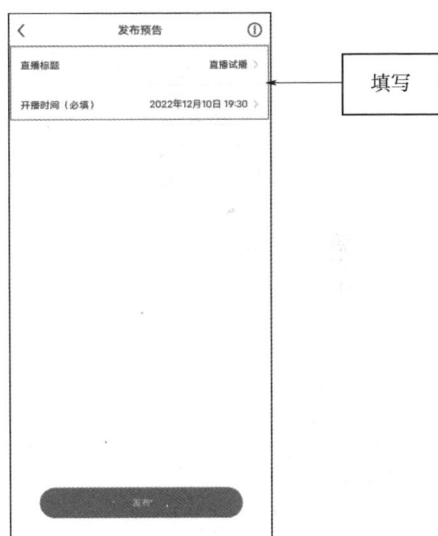

图 8-31　填写"直播标题""开播时间"

值得注意的是，一篇直播预告笔记的一些要素是必须有的，具体内容如图 8-32 所示。

8.3.2　瞬间直播预告

博主还可以利用瞬间来发布直播预告，具体的操作步骤如下。

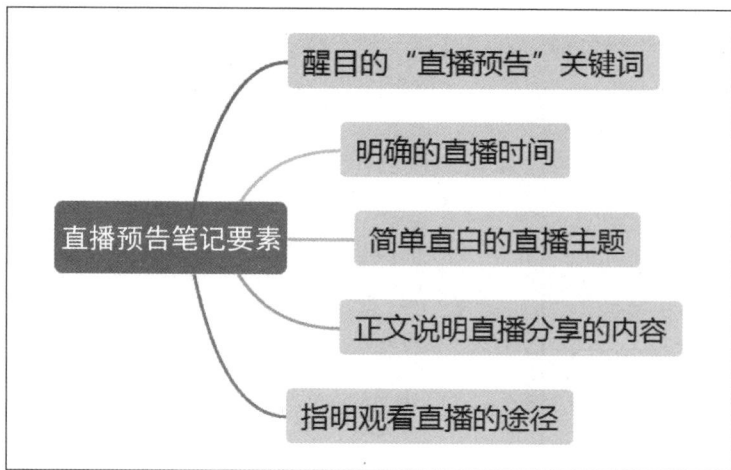

图 8-32　直播预告笔记要素

▶▷ 步骤 01　进入小红书，点击◎按钮，如图 8-33 所示。进入瞬间界面，点击"拍摄"按钮，如图 8-34 所示。

图 8-33　点击相应按钮（1）

图 8-34　点击"拍摄"按钮

▶▷ 步骤 02　执行操作后，进入"拍摄"界面，点击□按钮，如图 8-35 所示。选择完成后，点击下面的"贴纸"按钮，如图 8-36 所示。

▶▷ 步骤 03　执行操作后，选择"直播预告"贴纸，如图 8-37 所示。❶选择完成后，设置好开播的时间，❷点击"完成"按钮，如图 8-38 所示。

▶▷ 步骤 04　执行操作后，如果贴纸的位置不合适，则可以适当调整其位置，按

图 8-35　点击相应按钮（2）

图 8-36　点击"贴纸"按钮

图 8-37　选择"直播预告"贴纸

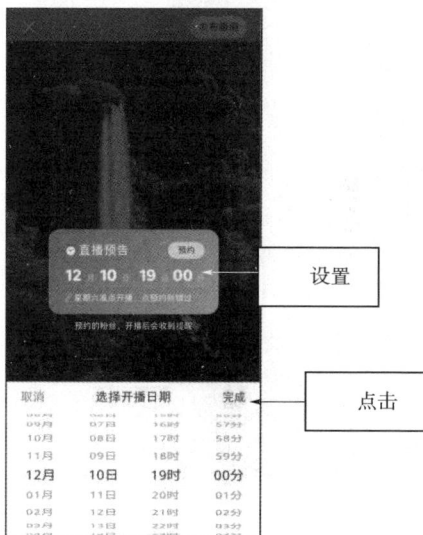

图 8-38　点击"完成"按钮

住贴纸并移动即可，如图 8-39 所示。执行操作后，还可以为直播预告添加一些滤镜、音乐、文字等，以添加滤镜为例，点击"滤镜"按钮，如图 8-40 所示。

▶▷ 步骤 05　执行操作后，选择一个合适的滤镜，如图 8-41 所示。完成后，点击"发布瞬间"按钮，如图 8-42 所示。

图 8-39　调整贴纸的位置

图 8-40　点击"滤镜"按钮

图 8-41　选择滤镜

图 8-42　点击"发布瞬间"按钮

第9章

带你玩转直播带货

在当今的大环境下，直播已经成为一种流行趋势，直播功能也成为各大平台必不可少的功能。与其他平台相比，小红书直播功能出现得比较晚，但是博主也可以利用其进行带货。

9.1 熟悉小红书直播概况

小红书的直播功能虽然出现得比较晚，没有其他平台完善，但是并不意味着小红书的直播功能是没有价值的。本节便来看一下小红书的直播概况，了解其具体的价值。

9.1.1 直播入口

在小红书平台中，直播主要分为两种形式，一种是找达人进行直播带货，另一种是品牌号自播。不过，就目前的形势来看，找达人进行直播带货仍是主流。

小红书平台主要有四个直播入口，下面便来看一下。

1. "关注"界面

进入小红书后，选择"关注"选项，即可在界面的顶部看到关注的博主是否正在直播，如果正在直播，直接点击头像便能够进入其直播间，如图9-1所示。

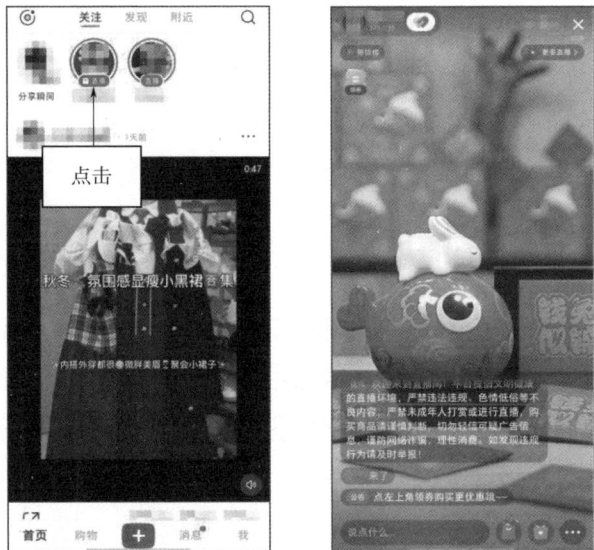

图9-1 在"关注"界面中点击头像进入直播间

2. "直播"频道

在"发现"界面中有许多频道，当刚进入小红书平台的时候，显示的是"推荐"频道。如果用户想要观看直播，则直接切换到"直播"频道，选择自己喜欢的直播点开即可，如图9-2所示。

图 9-2　在"直播"频道中选择并进入直播间

3. "推荐"频道

在"推荐"频道中也会向用户推荐直播，而且会在右上角标明"直播中"三个字，如果用户想要观看这场直播，便可以直接点击进入该直播间，如图 9-3 所示。

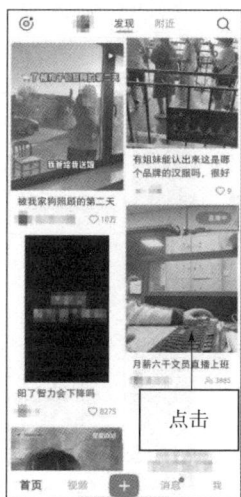

图 9-3　在"推荐"频道中点击并进入直播间

4. 博主主页

如果博主正在直播，用户点击博主的主页，便可以看到头像处会显示"直播"

二字，如图 9-4 所示。如果用户感兴趣，便可以点击头像进入直播间。

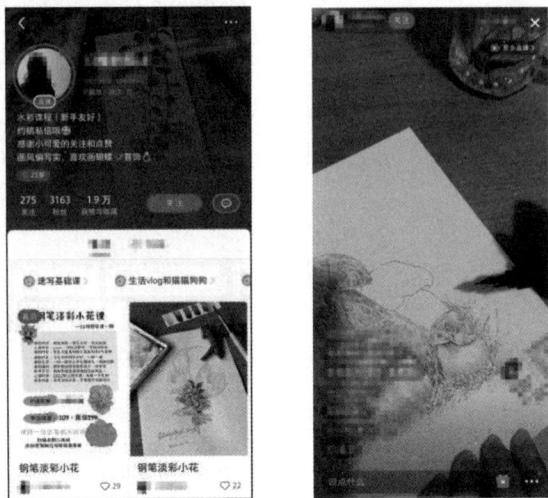

图 9-4　博主主页入口

9.1.2　开通直播

知道了小红书平台的直播入口，那么博主应该怎么开通直播呢？下面便来看一下开通直播的步骤。

▶▶ 步骤 01　进入"我"界面，❶点击 ☰ 图标；❷执行操作后，选择"创作中心"选项；❸点击"更多服务"按钮，如图 9-5 所示。

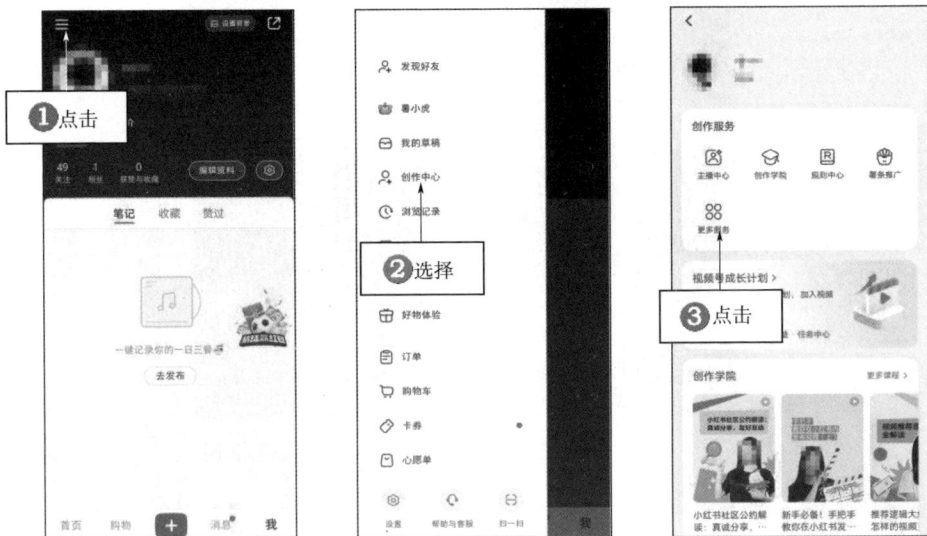

图 9-5　点击"更多服务"按钮

▶▷ 步骤 02 执行操作后，进入"更多服务"界面，点击"去直播"按钮，如图9-6所示，即可进入直播界面。

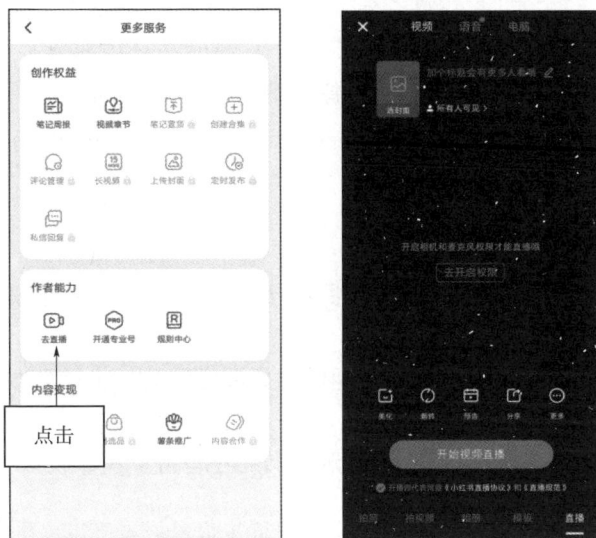

图9-6　点击"去直播"按钮

▶▷ 步骤 03 进入直播界面后，直接点击"开始视频直播"按钮，便可以开始直播了。值得注意的是，博主在开始直播之前还可以进行必要的设置，如选择一个合适的封面、设置直播可见的用户、设置标题、设置美化、设置是否镜面翻转等。此外，点击"更多"按钮，博主还可以进行场景定制、设置直播公告、设置屏蔽词及付费功能等，如图9-7所示。

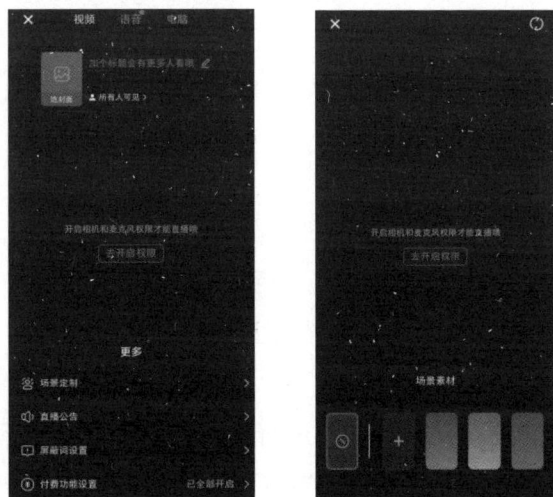

图9-7　直播设置

9.1.3　商业价值

　　小红书平台因为上线直播功能比较晚，在直播带货方面其实是不及其他平台的，因此，小红书要想发展直播这一板块，就需要扶持更多、有影响力的博主，并对一些优质的中小品牌在互动、资源上给予一定的倾斜。

　　虽然小红书直播发展得较晚，但是其也具有一定的商业价值，主要包括五个方面，如图9-8所示。

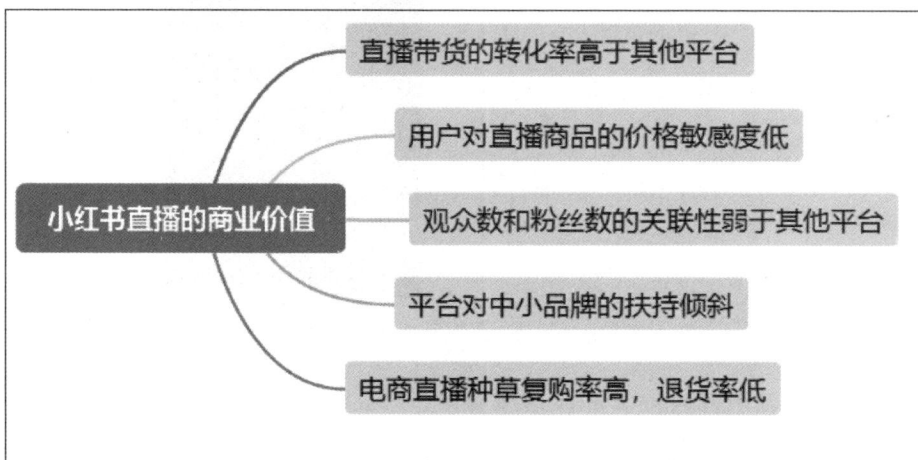

图9-8　小红书直播的商业价值

　　另外，还需要了解一下小红书直播GMV（Gross Merchandise Volume，产品交易总额）的分布情况。在小红书中，主要的用户群体还是年轻女性，而美妆、美食、母婴、家居四类用户仍属于小红书的核心活跃人群。在小红书直播中，美护的产品比重是最大的，其次是时尚、食品、家居、保健等，而其他类目也在不断崛起中，如民宿、医美等。

9.1.4　直播玩法

　　小红书的直播玩法主要包括三种，分别是直播连线、直播冲榜和直播带货。下面便分别来看一下这三种小红书直播玩法。

1. 直播连线

　　直播连线指是博主与另一个博主进行连线，然后两个直播间的画面便会呈现在同一个画面中，双方直播间观看的用户都能够看到两个直播间的情况，大大增加了直播间的曝光量，如图9-9所示。

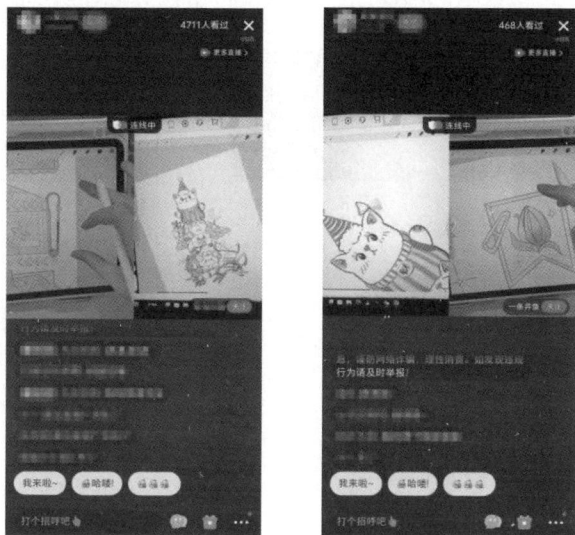

图 9-9　直播连线

这种方式可以将双方的粉丝进行置换，而且两个博主聊天也可以给用户制造许多的话题。那么，怎么进行直播连线呢？用户可以点击 🔘 图标，如图 9-10 所示，便会弹出"申请连线"对话框，选择一种连线方式即可。

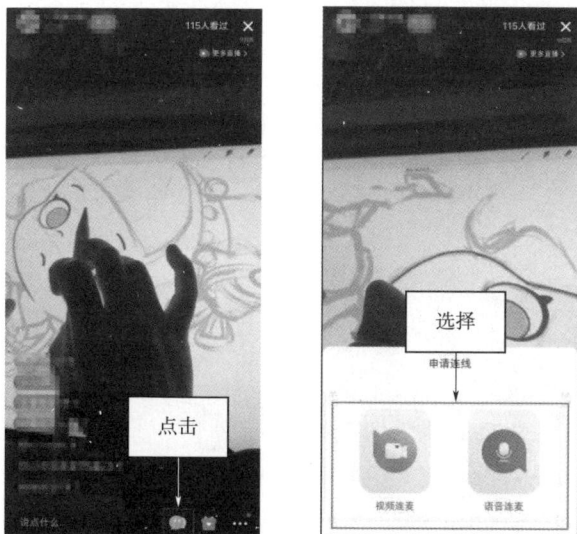

图 9-10　点击相应图标

2. 直播冲榜

小红书直播间有一个带货榜，如图 9-11 所示。直播间的榜单排名越靠前，得到的曝光量越大，带货的效果越好，其规则说明如图 9-12 所示。

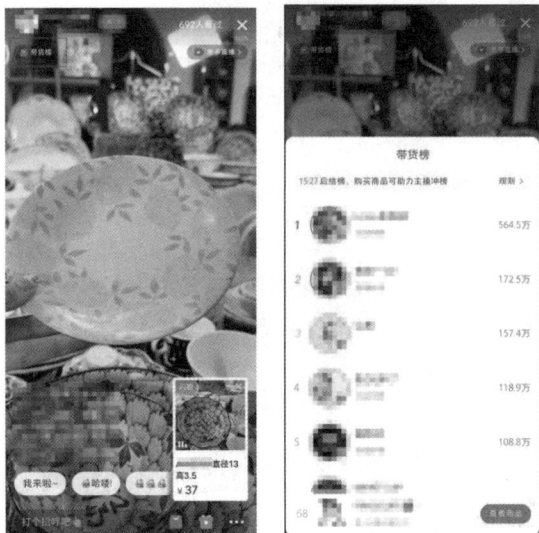

图 9-11　小红书直播间带货榜

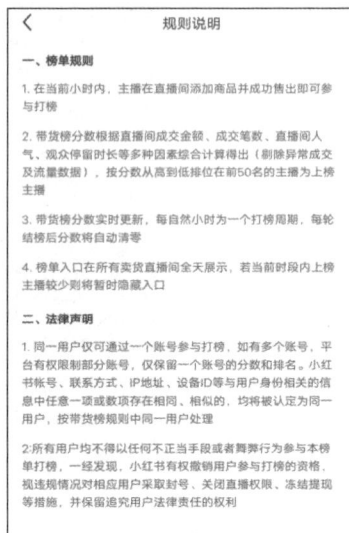

图 9-12　小红书直播间
带货榜规则说明

3. 直播带货

直播带货是现在比较常见的直播玩法，一般进入带货直播间的用户都是有需求的，因此，直播的主题一定要与直播间内的商品有着很强的关联性。图 9-13 所示为带货直播间。

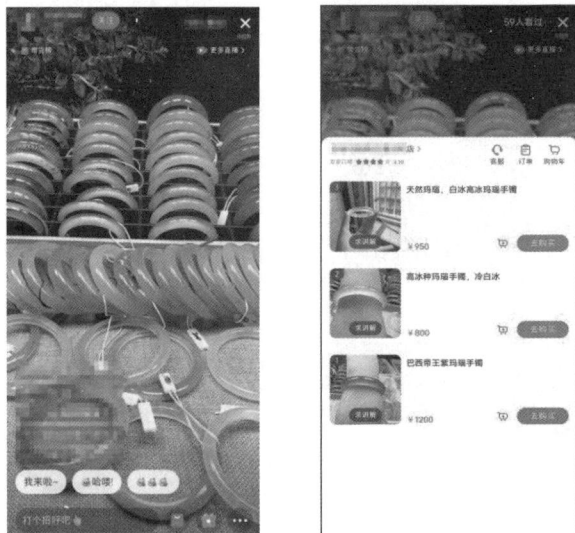

图 9-13　带货直播间

9.1.5　直播功能

在小红书平台中有六种直播功能，分别是直播公告、直播间抽奖红包、设置小助手、专栏功能、小纸条功能和镜像功能。下面我们就来看一下这六大直播功能。

1．直播公告

博主可以将直播的主要内容、福利等写在直播公告上，这样可以帮助用户快速了解本场直播的内容及福利，以便留住更多的用户。

2．直播间抽奖红包

与其他平台中的带货直播间一样，小红书平台中的直播间也是可以抽奖和发红包的，下面便来看一下具体的内容。

（1）抽奖

博主可以在直播间里设置一定的抽奖条件，满足条件的用户便可以参与抽奖，如图9-14所示。用户点击■图标，便可以知道抽奖的条件。在小红书平台中，抽奖的参与条件主要包括三种，分别是关注博主、分享直播和输入口令。

（2）发红包

在小红书直播间里，博主和用户都可以发红包。不过，在小红书平台中，红包使用的都是虚拟币，即薯币。不管是发红包，还是抢红包，流通的都是薯币。通过发红包、抢红包的方式，可以增加用户的活跃度，提高直播间的人气。

图9-14　抽奖功能

3．设置小助手

小红书有一个小助手功能，其功能如图 9-15 所示。博主可以将相关人员设置为直播间小助手，以便帮助博主进行直播操作。

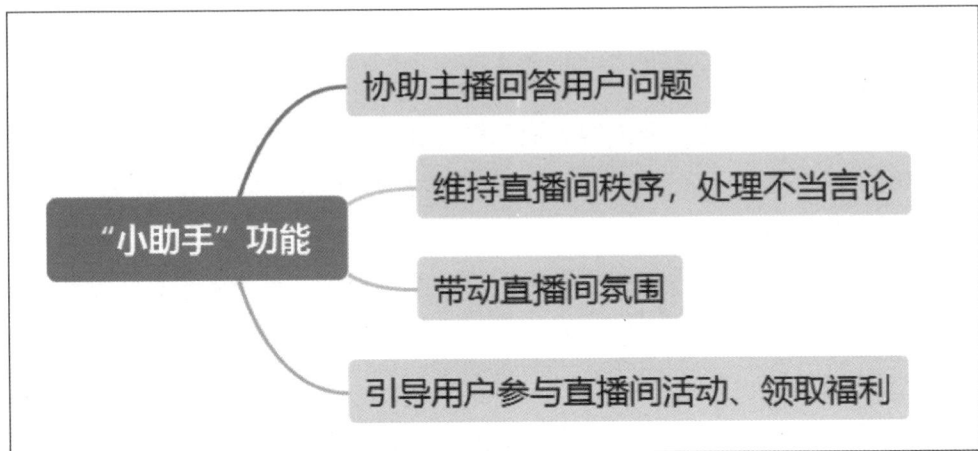

图 9-15 "小助手"功能

4．专栏功能

专栏是小红书推出的全新经验转化获利产品，博主可以通过直播或者发布视频笔记的方式来分享自己的经验或知识，如图 9-16 所示。专栏中的内容可以是运动健身、兴趣爱好、自我提升、时尚美妆、情感关系、亲子教育等。用户点击 图标便可以看到博主的专栏内容。

图 9-16 专栏功能

5. 小纸条功能

小红书还有一个特殊功能，那便是小纸条功能。在开启小纸条功能后，用户可以对博主进行提问，博主可以选择其中的问题进行回答，如图 9-17 所示。用户在直播界面下方点击█图标，即可弹出"小纸条"对话框，点击"发张小纸条"按钮写下自己的问题即可。

图 9-17　小纸条功能

6. 镜像功能

在直播的时候，可能因为镜像，用户不能很好地看到商品上的文字，而镜像功能便能够解决这个问题。例如，当博主想要通过前置摄像头展示商品上的文字的时候，便可以使用镜像功能，让用户更方便地阅读。

9.1.6　直播布局

很多品牌主都会在小红书中进行直播布局，其途径有三种，分别是与博主合作、品牌号自播、与 MCN（Multi-Channel Network，多频道网络）机构合作。下面便来看一下这三种途径。

1. 与博主合作

品牌号开通"好物推荐"功能，便可让博主选择商品进行带货了。值得注意的是，品牌主应该如何挑选合作的运营者？主要有以下七点建议，如图 9-18 所示。

明确品牌用户的定位，了解用户的消费偏好

与品牌者合作的运营者的用户要符合品牌的目标人群

品牌主在选择合作的运营者时要选择业务能力强的

挑选合作的运营者的七大建议

注意运营者账号的质量，判断依据包括数据、内容、人设等

优先考虑配合度好的运营者，以免耽误直播，影响直播效果

选择能够长期合作的运营者，因为长期合作有利于长期种草，也容易给用户留下深刻的印象

选择直播带货种草意愿比较强的运营者，直播时的氛围更好

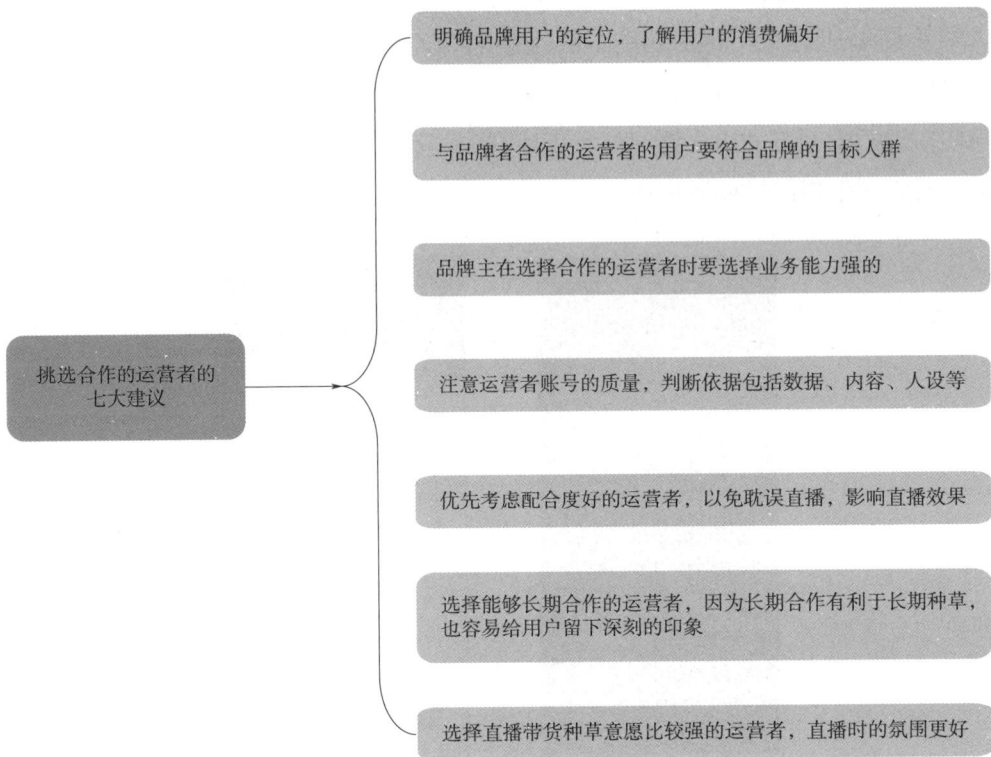

图 9-18　挑选合作的运营者的七大建议

2. 品牌号自播

品牌号自播是指品牌号的工作人员在小红书平台上进行直播。一般来说，在直播之前要先分析自己的商品适不适合在小红书上直播，因此，品牌主可以先粗略判断一下自己的商品符不符合小红书核心用户群体的偏好。

3. 与 MCN 机构合作

不管是与博主合作也好，还是品牌主自己直播也罢，都对品牌主的直播能力有着一定的要求。而如果品牌主没有直播经验，便可以尝试与 MCN 机构合作，让 MCN 机构挑选合适的博主进行直播，或者协助品牌号自播。

通过与 MCN 机构合作，能够为品牌主节省很多的时间和精力，而且 MCN 机构对直播效果的下限是有保障的。

值得注意的是，不管是哪种直播，不管由谁来直播，有些事情在直播时是不能做的，如图 9-19 所示。

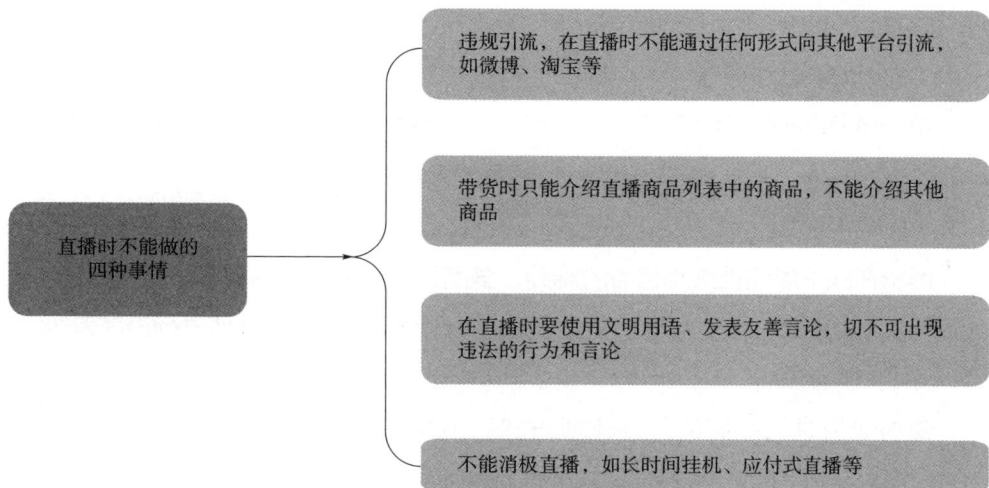

直播时不能做的四种事情	违规引流，在直播时不能通过任何形式向其他平台引流，如微博、淘宝等
	带货时只能介绍直播商品列表中的商品，不能介绍其他商品
	在直播时要使用文明用语、发表友善言论，切不可出现违法的行为和言论
	不能消极直播，如长时间挂机、应付式直播等

图 9-19　直播时不能做的四种事情

9.2　增加用户下单的秘诀

博主在直播过程中，最需要的就是和粉丝进行互动和沟通，用自己的语言技巧来吸引用户的目光并获取流量，从而使商品可以销售出去，提高自己的带货效果。

掌握一定的带货语言技巧能够让你的直播间更加妙趣横生，能使用户对你和你推荐的商品更加信服。在某种程度上，好的带货语言技巧能够大大提高直播间的用户留存率，极大地增加商品销量。

9.2.1　语言能力

出色的小红书博主都拥有强大的语言能力，有的博主会多种语言，让直播间多姿多彩；有的博主讲段子张口就来，让直播间妙趣横生。那么，博主该如何提高语言能力，打造一流的口才呢？

1. 语言表达

一个人的语言表达能力在一定程度上体现了这个人的情商。对于小红书平台上的博主来说，可以从以下几个方面来提高自己的语言表达能力。

（1）语句表达

在语句表达上，博主需要注意以下两点：

首先，博主需要注意话语的停顿，把握好节奏。

其次，博主的语言表达应该连贯，听着自然流畅。

（2）肢体语言

单一的话语可能不足以表达，博主可以借助动作和表情进行辅助表达，尤其是眼神的交流，夸张的动作也可以使语言更显张力。

（3）自身知识

博主在线下应注重提高自身的修养，多阅读，增加知识的积累。大量阅读可以提高一个人的逻辑思维能力与语言组织能力，进而帮助博主更好地进行语言表达。

（4）学会倾听

懂得倾听是人品好的一种体现方式。小红书上的带货博主也要学会倾听用户的心声，了解他们的需求，这样才能更快地把商品销售出去。

在博主和用户交流沟通的过程中，虽然从表面上看是博主占主导的，但实际上是以用户为主的。用户愿意观看直播的原因就在于能与自己感兴趣的人进行互动，博主要懂得了解用户关心什么、想要讨论什么话题，就一定要认真倾听用户的心声。

2. 聊天语言

为什么有的博主在小红书直播间带货时不知道如何聊天，会遭遇冷场，而有的博主却能一直聊得火热？那是因为前者没有掌握正确的聊天技能。

（1）感恩心态

俗话说得好："细节决定成败！"如果在直播过程中博主对细节不够重视，用户就会觉得博主有些敷衍。在这种情况下，直播间的用户很可能会快速流失。相反，如果博主对细节足够重视，用户就会觉得博主在用心直播。当用户感受到博主的用心之后，也会更愿意关注博主并下单。

在直播过程中，博主应该随时感谢用户，尤其是进行打赏的用户，还有新进入直播间的用户。除了表示感谢，博主还要通过认真回复用户的评论，让用户感受到被重视，这也是一种转化用户的有效手段。

（2）换位思考

当面对用户进行个人建议的表达时，博主应该首先站在用户的角度进行换位思考，这样更容易了解用户的真实感受。换位思考的体现如图 9-20 所示。

（3）保持谦逊

博主在面对用户的夸奖或批评时，需要保持谦逊的态度，即使成为热门的

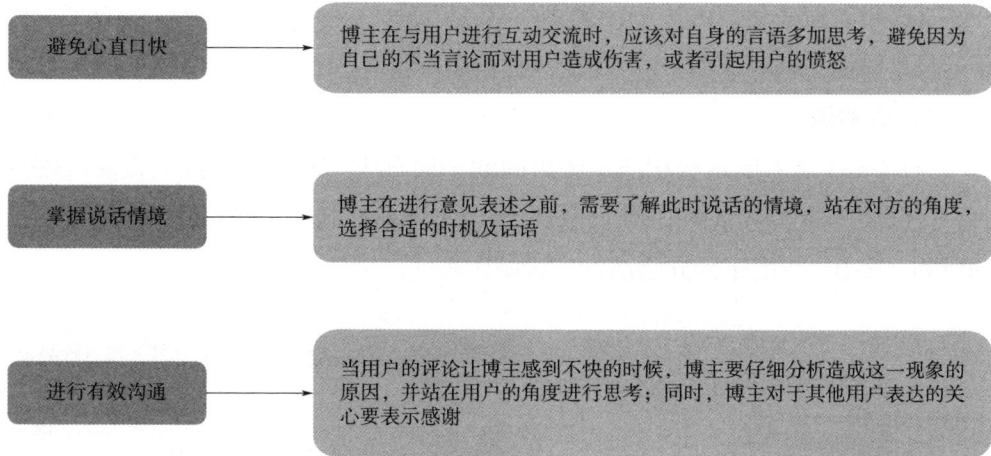

避免心直口快	博主在与用户进行互动交流时，应该对自身的言语多加思考，避免因为自己的不当言论而对用户造成伤害，或者引起用户的愤怒
掌握说话情境	博主在进行意见表述之前，需要了解此时说话的情境，站在对方的角度，选择合适的时机及话语
进行有效沟通	当用户的评论让博主感到不快的时候，博主要仔细分析造成这一现象的原因，并站在用户的角度进行思考；同时，博主对于其他用户表达的关心要表示感谢

图 9-20　换位思考的体现

博主也需要保持谦逊。这样做会让博主获得更多用户的喜爱，也能让博主的直播生涯更加顺畅。

（4）适可而止

在直播聊天的过程中，博主要注意把握好尺度，懂得适可而止。如果在直播过程中博主不小心说错了话，惹怒了用户，那么博主应该及时向用户道歉。

（5）幽默风趣

幽默风趣的博主更容易俘获用户的喜爱，而且还能体现出博主个人的内涵和修养。所以，一位专业的小红书带货博主也必然少不了幽默技巧。在生活中，很多幽默故事就是由生活的片段和情节改编而来的。因此，幽默的第一步就是收集搞笑的段子和故事等素材，然后合理运用，先模仿再创新。

3. 销售语言

下面为大家介绍几种能够提高博主销售语言能力的方法。

- 提出问题：直击消费者的痛点和需求点。
- 放大问题：尽可能放大用户忽略的细节。
- 引入产品：用产品解决前面提出的问题。
- 提升高度：详细地讲解产品，提升产品的附加值。
- 降低门槛：打破消费者购买的心理防线。

9.2.2　语言模板

博主在直播带货过程中，除了要把产品很好地展示给用户，最好还要掌握一些直播带货技巧和语言技巧，这样才可以更好地进行产品的推销，提高博主自身的带货能力，从而让博主的商业价值得到提高。

1. 介绍法

介绍法是介于提示法和演示法之间的一种方法。博主在小红书直播间带货时，可以用一些生动形象和有画面感的话语来介绍产品，达到劝说用户购买产品的目的。图 9-21 所示为介绍法的三种操作方式。

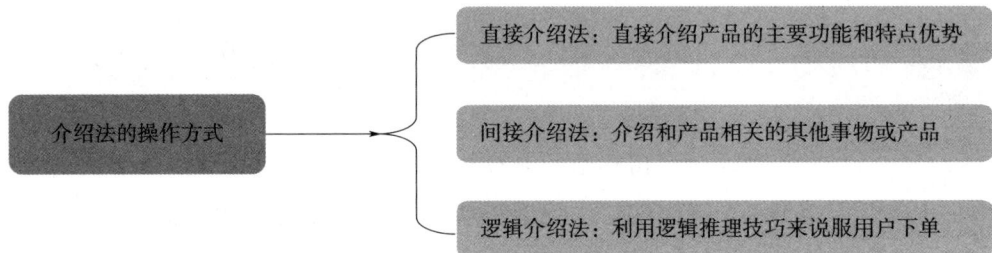

介绍法的操作方式
- 直接介绍法：直接介绍产品的主要功能和特点优势
- 间接介绍法：介绍和产品相关的其他事物或产品
- 逻辑介绍法：利用逻辑推理技巧来说服用户下单

图 9-21　介绍法的三种操作方式

2. 赞美法

赞美法是一种常见的直播带货语言技巧，这是因为每个人都喜欢被人称赞。在这种赞美的情景之下，被赞美的人很容易情绪高涨，从而购买博主推荐的产品。博主可以将产品能够为用户带来的改变说出来，告诉用户他们使用了产品后会变得怎样，通过赞美的语言来为用户描述梦想，让用户对产品心生向往。

另外，"三明治赞美法"也是赞美法中比较被人推崇的一种表达方法，它的表达方式是：首先根据对方的表现来称赞他的优点；然后提出希望对方改变的不足之处；最后重新肯定对方的整体表现状态。通俗的意思是：先褒奖，再说实情，最后说一个总结的好处。

3. 强调法

所谓强调法，也就是需要博主不断地向用户强调这款产品是多么好、多么适合他，类似于"重要的话说三遍"。

当博主想大力推荐一款产品时，就可以通过强调法来营造一种热烈的氛围，用户在这种氛围的引导下会不由自主地下单。强调法通常用于在直播间里催单，能够让犹豫不决的用户立刻行动起来，相关技巧如图 9-22 所示。

4. 示范法

示范法也叫示范推销法，就是要求博主把要推销的产品通过亲自试用来给

强调产品卖点

强调法：博主可以不断强调产品的使用效果和性价比优势

参考模板："大家不要再考虑了，直接拍就对了，只有我的直播间才有这样的价格，往后价格只会越来越贵。"

强调限时限量

强调法：博主可以搭配"限时限量购"活动，并不断提醒用户产品的剩余数量和优惠时间，营造出"时间紧迫，再不买就亏了"的热销氛围

参考模板："活动只剩最后一分钟了，马上结束，大家抓紧下单！"

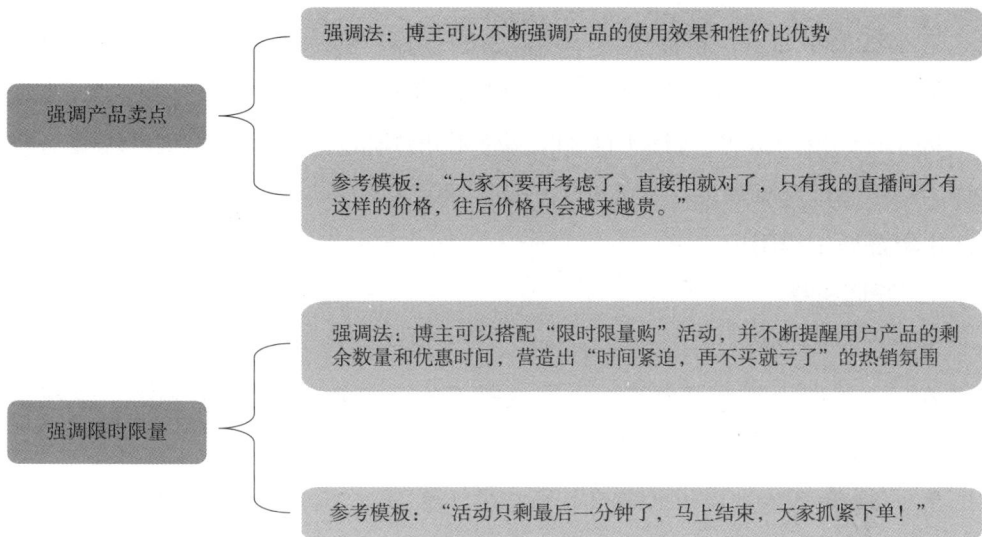

图 9-22 强调法的相关技巧

用户进行展示，从而激起用户的购买欲望。由于直播带货的局限性，使得用户无法亲自试用产品，这时就可以让博主代替他们来使用产品，让用户更直观地了解到产品的使用效果。图 9-23 所示为示范法的操作思路。

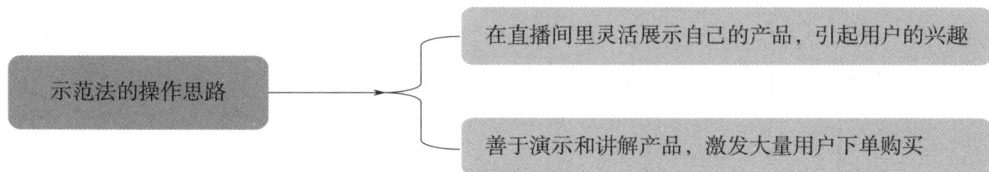

示范法的操作思路

在直播间里灵活展示自己的产品，引起用户的兴趣

善于演示和讲解产品，激发大量用户下单购买

图 9-23 示范法的操作思路

5. 限时法

限时法是指博主直接告诉用户，本场直播在举行某项优惠活动，这个活动到哪天截止，在活动期间用户能够得到的利益是什么。此外，博主还需要提醒用户，在活动结束后，再想购买，就要花更多的钱。

参考模板："亲，这款服装，我们今天做优惠降价活动，今天就是最后一天了，您还不考虑入手一件吗？过了今天，价格就会回到原价位，和现在的价位相比，足足多了几百元呢！如果您想购买这款服装，得尽快下单哦，机不可失，时不再来。"

9.2.3　营造氛围

在小红书平台上，直播作为一种卖货的手段，博主要通过自己的言行营造出紧张感，给用户带来时间压力，刺激他们在直播间里下单。

博主在直播带货时，必须时刻保持高昂的精神状态，将直播当成现场演出，这样用户也会更有沉浸感。下面介绍一些营造直播带货氛围的相关语言技巧，帮助博主更好地引导用户下单。

1．开场招呼

博主在开场时要记得跟用户打招呼。下面是一些常用的模板。

● "大家好，博主是新人，刚做直播不久，如果有哪些地方做得不够好，希望大家多包容，谢谢大家的支持。"

● "我是××，将在直播间里给大家分享×××，而且还会每天给大家带来不同的惊喜哟，感谢大家捧场！"

● "欢迎新进来的宝宝们，来到××的直播间，支持我就点个关注吧！"

● "欢迎××进入我们的直播间，××产品现在下单有优惠哦，千万不要错过了哟！"

2．时间压力

很多研究人员做过有关时间压力方面的心理学实验，发现了一个共同特点，那就是"时间压力"的作用。

● 在用数量性信息来营造出超高的时间压力环境下，消费者很容易产生冲动性的购买行为。

● 在用内容性信息来营造出较低的时间压力环境下，消费者在购物时则会变得更加理性。

博主在直播带货时也可以利用"时间压力"的原理，通过自己的语言魅力营造出一种紧张状态，然后利用从众心理来降低用户的注意力，同时让他们产生压力，忍不住抢着下单。

3．暖场互动

在小红书直播中，博主也需要和用户进行你来我往的频繁互动，这样才能营造出火热的直播氛围。

因此，博主可以利用一些互动语言技巧和话题，吸引用户深度参与到直播中，相关情况如图 9-24 所示。

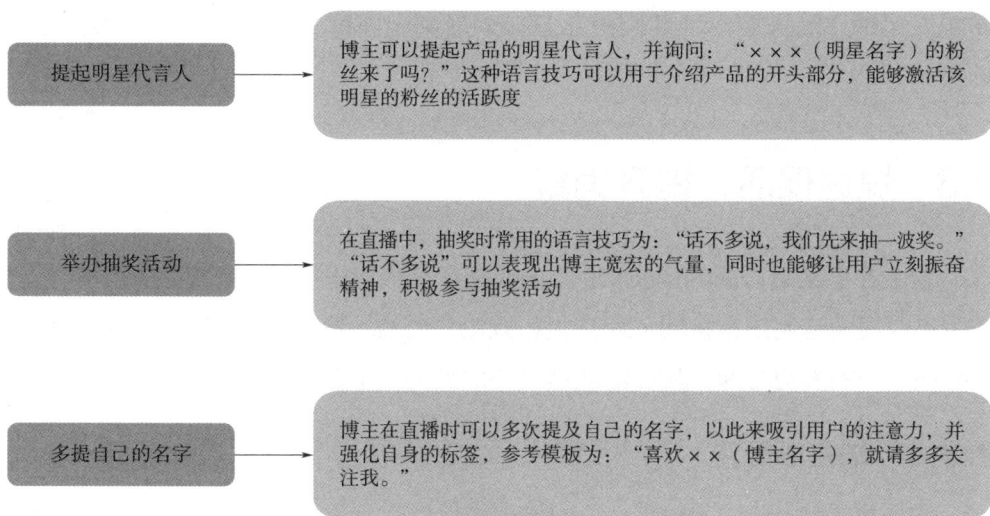

提起明星代言人	博主可以提起产品的明星代言人,并询问:"×××(明星名字)的粉丝来了吗?"这种语言技巧可以用于介绍产品的开头部分,能够激活该明星的粉丝的活跃度
举办抽奖活动	在直播中,抽奖时常用的语言技巧为:"话不多说,我们先来抽一波奖。""话不多说"可以表现出博主宽宏的气量,同时也能够让用户立刻振奋精神,积极参与抽奖活动
多提自己的名字	博主在直播时可以多次提及自己的名字,以此来吸引用户的注意力,并强化自身的标签,参考模板为:"喜欢××(博主名字),就请多多关注我。"

图 9-24　暖场互动语言技巧的相关情况

4. 用户提问

许多用户之所以会对博主进行评论,主要是因为他们对于产品或直播中的相关内容有问题。针对这一点,博主在策划直播脚本时,应尽可能地选择一些能够引起用户讨论的内容。这样做出来的直播自然会有用户感兴趣的点,而且用户参与评论的积极性也会更高一些。当用户向博主进行提问时,博主一定要积极回复,这不仅是态度问题,还是获取用户好感的一种有效手段。

5. 卖货的语言技巧

对于小红书博主来说,卖货是必须掌握的技能。因此,博主需要掌握卖货的语言技巧,以此来提升直播间的气势和氛围,促使用户跟随节奏去下单,如图 9-25 所示。

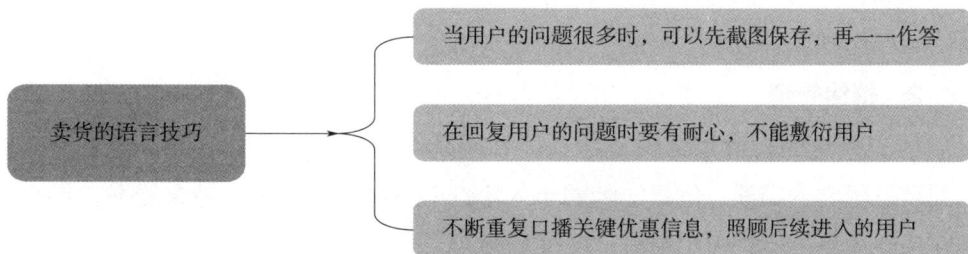

卖货的语言技巧	当用户的问题很多时,可以先截图保存,再一一作答
	在回复用户的问题时要有耐心,不能敷衍用户
	不断重复口播关键优惠信息,照顾后续进入的用户

图 9-25　卖货的语言技巧

博主要想在直播间里卖货，前提条件是直播间有足够的氛围和人气，这样才能提起用户的兴趣，让他们更愿意在直播间里停留，从而增加成交和转化的机会。

9.3 快速促活，提升销量

博主在小红书直播间里卖货时，如何把产品销售出去，是整场直播的核心点。博主不仅需要运用语言技巧和用户进行互动、交流，同时还要通过活动和利益点来抓住用户的消费心理，从而促使他们完成最后的下单行为。

9.3.1 销售心得

在小红书平台上，想要打动直播间用户的心，让他们愿意下单购买，博主需要先锻炼好自己的直播销售技能。下面将分享一些关于直播销售的心得体会，帮助博主更好地开展直播卖货工作。

1. 转变身份

直播销售是一种通过屏幕和用户交流、沟通的职业，它必须依托直播方式来让用户产生购买行为，这种买卖关系使得博主会更加注重建立和培养自己与用户之间的亲密感。

因此，博主不再是冷冰冰的形象或者单纯的推销机器，而渐渐演变成更加亲切的形象。博主会通过和用户实时的信息沟通，及时地根据用户的要求来进行产品介绍，或者回答用户提出的有关问题，适时引导用户进行关注、加购和下单等操作。

当博主的形象变得更加亲切和平易近人后，用户对于博主的信任和依赖会逐渐加深，也会开始寻求博主的帮助，借助博主所掌握的产品信息和相关技能，帮助自己买到更加合适的产品。

2. 情绪管理

博主在直播卖货过程中，为了提高产品的销量，会采取各种各样的方法来达到自己想要的结果。但是，随着步入小红书直播平台的博主越来越多，每个人都在争夺流量，想要吸引粉丝、留住粉丝。

毕竟，只有拥有粉丝，才会有购买行为的出现，才可以保证直播间的正常运行。在这种需要获取粉丝流量的环境下，很多个人博主开始延长自己的直播时间，而机构也开始采用多位博主轮岗直播的方式，以此来获取更多的曝光量，被平台上的更多用户看到。

这种长时间的直播，对于博主来说，是一件非常有挑战性的事情。因为博主在直播时不仅需要不断地讲解产品，还要积极地调动直播间的氛围，同时还需要及时地回复用户所提出的问题，可以说是非常忙碌的，会感受到极大的压力。

在这种情况下，博主就需要做好自己的情绪管理，保持良好的直播状态，使得直播间一直保持热烈的氛围，从而在无形中提升直播间的权重，获得系统给予的更多流量推荐。

3. 选对博主

直播销售博主这个职业实际上就是一个优秀的推销员，而作为一个直播产品推销员，关键在于获得流量，从而让直播间产品的转化率可以爆发。如果不能提高直播间产品的转化率，就算博主夜以继日地进行直播，也很难得到满意的结果。

博主需要对自己的产品有足够的了解，了解自己在卖什么，掌握产品的相关信息，这样自己在直播过程中，才不会出现没话可说的局面。同时，博主还要学会认识自己的粉丝，最好可以记住他们的喜好，从而有针对性地向他们推荐产品。

在小红书中，商家可以选择网红 KOL 作为博主，这类博主往往会自带粉丝，且在各自领域里有一定的研究，能够快速促进产品销售。

4. 选对产品

直播带货中产品的好坏会影响用户的购买意愿。博主可以从以下几点来选择带货的产品，如图 9-26 所示。

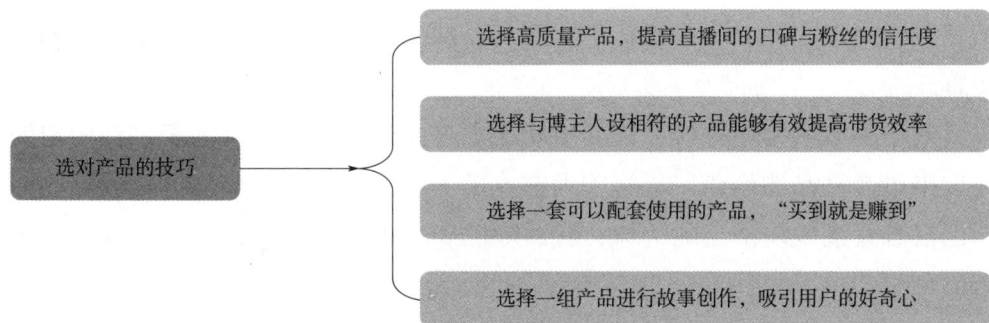

选对产品的技巧	选择高质量产品，提高直播间的口碑与粉丝的信任度
	选择与博主人设相符的产品能够有效提高带货效率
	选择一套可以配套使用的产品，"买到就是赚到"
	选择一组产品进行故事创作，吸引用户的好奇心

图 9-26　选对产品的技巧

9.3.2 带货技巧

作为小红书平台上的电商博主，每个人都能够吸引大量用户关注，都能成为带货达人。但是，博主要想激发用户的购买行为，前提是能让用户察觉到产品带给他的价值。

那么，博主应该如何做才能让用户察觉到产品带给他的价值呢？

1. 解决痛点

大部分用户进入直播间，就表明他们在一定程度上对直播间里的产品是有需求的，即使当时的购买欲望不强烈，但是博主完全可以通过抓住用户的痛点，让购买欲望不强烈的用户也产生下单行为。

博主在提出痛点的时候需要注意，只有与用户的"基础需求"有关的问题，才算是他们的真正痛点。"基础需求"是一个人最根本和最核心的需求，这个需求没有解决，人的痛苦会非常明显。

因此，博主在寻找和放大用户痛点时，让用户产生解决痛点的想法后，可以慢慢地引入自己想要推销的产品，给用户提供一个解决痛点的方案。在这种情况下，很多用户都会被博主提供的方案吸引。毕竟用户一旦察觉到痛点的存在，第一反应就是消除这个痛点。

2. 打造痒点

所谓痒点，就是满足虚拟的自我形象。打造痒点，就是需要博主在推销产品时，帮助用户营造美好的梦想，满足他们内心的渴望，促使他们产生实现梦想的欲望和行动力，这种欲望会极大地刺激他们的消费心理。

3. 提供爽点

爽点，就是说用户由于某个即时产生的需求被满足后，就会产生非常爽的感觉。痛点和爽点的区别在于，痛点是硬性的需求，而爽点则是即刻的满足感。

对于小红书博主来说，想要成功地把产品销售出去，就需要站在用户的角度来思考产品的价值。这是因为在直播间中，用户作为信息的接收者，他自己很难直接发现产品的价值，此时就需要博主主动去帮助用户发现产品的价值。

　　痛点、痒点与爽点都是用户欲望的一种表现，而博主要做的就是，在直播间里通过介绍产品的价值点来满足用户的这些欲望，这也是直播带货的破局之道。

9.3.3　促单技巧

　　很多商家或博主看到别人的直播间中爆款多、销量好，难免会心生羡慕。其实，只要你用对方法，也可以打造出自己的爆款产品。

　　下面将从直播前和直播中两个方面入手，介绍直播带货常用的促单技巧，让用户快速下单。

1. 种草推广

　　商家或博主除了直接通过直播来带货，也可以利用小红书的发布笔记功能，在直播前进行"种草"推广，为直播间带来更多的人气，同时也可以直接提升下单率。

　　小红书笔记分为视频笔记和图文笔记。不过，在发布推广类笔记时，商家或博主一定要注意，不能让笔记看上去太像"广告"，需要分享自己的真实使用体验，力求让用户在你的笔记中看到真实，如图 9-27 所示。

图 9-27　分享真实使用体验的笔记

2. 红包营销

在直播间中，发红包是一种很好的吸引用户留存的方式。红包营销在直播的各个时段都可以使用，但不同的直播时段要使用不同的营销策略，具体如图 9-28 所示。

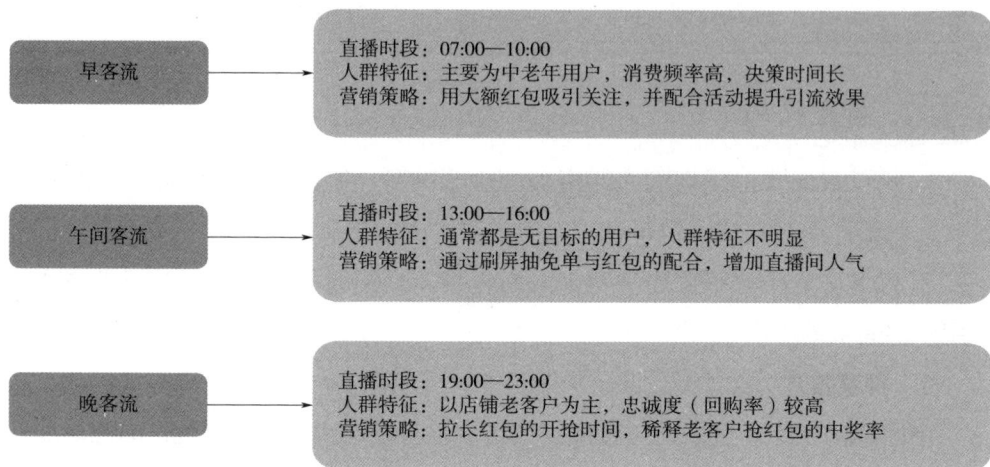

早客流	直播时段：07:00—10:00 人群特征：主要为中老年用户，消费频率高，决策时间长 营销策略：用大额红包吸引关注，并配合活动提升引流效果
午间客流	直播时段：13:00—16:00 人群特征：通常都是无目标的用户，人群特征不明显 营销策略：通过刷屏抽免单与红包的配合，增加直播间人气
晚客流	直播时段：19:00—23:00 人群特征：以店铺老客户为主，忠诚度（回购率）较高 营销策略：拉长红包的开抢时间，稀释老客户抢红包的中奖率

图 9-28　不同直播时段的不同营销策略

第 **10** 章
借助数据工具复盘

博主在运营账号时一定会关注自己的数据情况，但是小红书平台上的数据是有限的，只有一些基础数据，这时就需要借助第三方工具进行复盘。本章便来看一下借助第三方工具进行复盘的相关情况。

10.1 利用第三方数据工具

数据是对客观事物的真实记录，当博主想要了解账号状态或者用户需求时，对数据进行分析是最直接的方式，也是博主必须掌握的一项基本技能。并且通过数据分析可以帮助博主发现问题并解决问题，提高工作效率，进而通过数据指导账号的运营和决策，驱动业务增长。

在进行数据分析的过程中，博主首先要学会使用各种工具，利用工具对数据进行采集、整理和分析，本节就选择三大必备的小红书数据分析工具进行重点解读。

10.1.1 千瓜数据平台

千瓜数据是一款专业的小红书数据分析工具，为大家提供了多种数据驱动解决方案，还为小红书进行全场景营销数字化赋能，如图 10-1 所示。

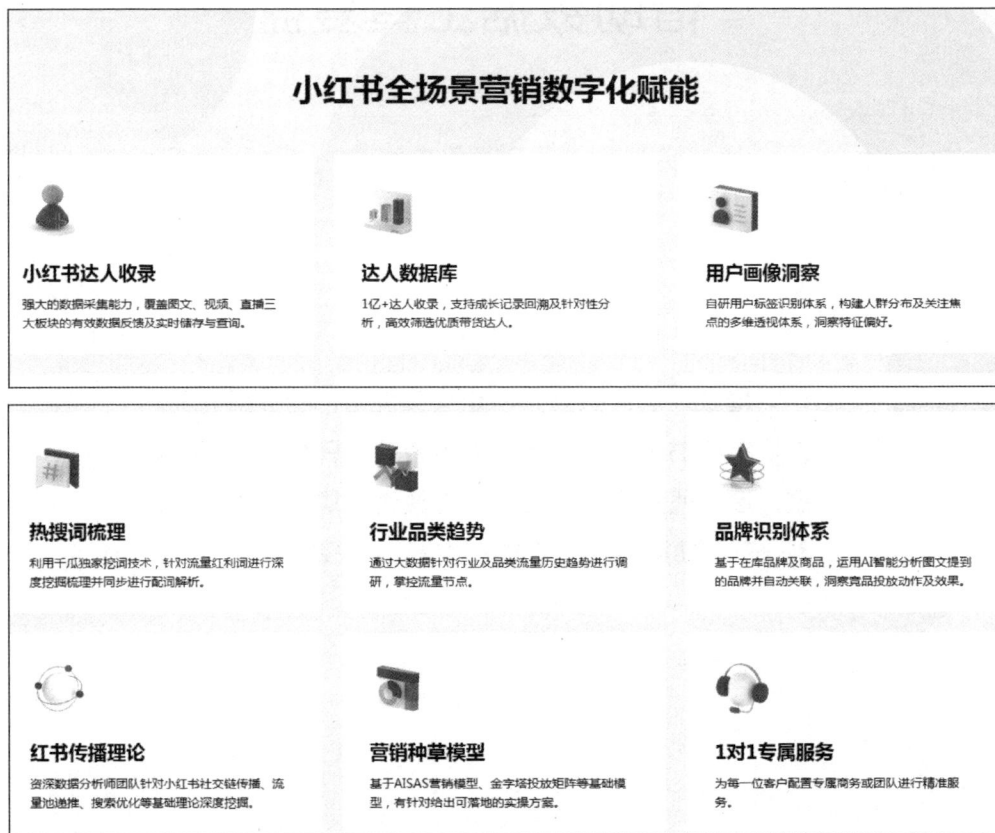

图 10-1 千瓜数据为小红书全场景营销数字化赋能的情况

千瓜数据之所以能够帮助企业快速地进行业务决策和品牌营销，主要是因为其能够帮助品牌主或博主深入了解市场结构、洞悉爆品流量规律等。那么，作为一位博主，该怎样运用好千瓜数据平台呢？其主要包括七大核心功能，下面我们来看一下。

1. 数据大盘

数据大盘可以帮助博主查看某个行业的推广笔记篇数、平均互动量等方面的数据情况，让博主能够更快、更好地了解行业流量情况。图 10-2 所示为护肤类近 30 天数据大盘。

图 10-2　护肤类近 30 天数据大盘

此外，数据大盘还包括品牌投放大盘，能够帮助品牌主或博主分析品牌投放的趋势，并提供市场宏观监测，预测行业的营销热点。当博主一开始不知道怎么为账号定位、选择什么行业的时候，便可以查看品牌投放大盘，看看哪个品类更适合自己，也更适合转化获利。而且，通过查看数据大盘，品牌主或博主还可以了解行业趋势，进而不断改进自己的运营策略。

2. 小红书投放

千瓜数据平台在小红书投放方面主要有四个要点，分别是投放选号系统、负面舆情预警、竞品推广监测、投放结案分析。下面便来了解一下这四个要点的具体内容。

（1）投放选号系统

投放选号系统通过设置多重筛选条件，帮助大家快速锁定目标博主。在该系统中，品牌主或博主可以先按照昵称或笔记的内容进行搜索，找到不同属性的博主账号；再按照粉丝属性进行筛选，为品牌主或博主找到精准的账号。

（2）负面舆情预警

千瓜数据平台利用智能大数据文本分析，通过提前设置关键词，即可为品牌主或博主进行负面舆情预警。负面舆情预警能够及时发现笔记和评论内容中的负面词，或与负面词相关的内容，帮助品牌主或博主及时避险，防患于未然。图 10-3 所示为优衣库的负面词设置情况。

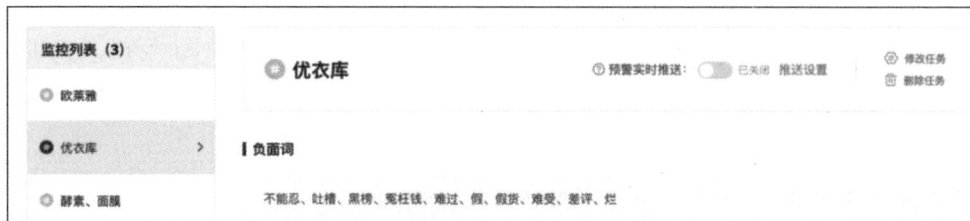

图 10-3　优衣库的负面词设置情况

（3）竞品推广监测

竞品推广监测主要是帮助品牌主或博主实时了解竞品的最新投放情况，进而及时分析出竞品的运营策略，从而制订出自己独特的营销方式。

（4）投放结案分析

千瓜数据平台还能够生成结案报告，帮助品牌主或博主及时复盘当期的投放，分析投放的优势和不足，进而制订出更完善的投放策略。

3．小红书直播

不管是什么数据平台，直播数据是必不可少的。在千瓜数据平台中，直播功能主要包括直播达人分类查询、直播详情分析、直播监控三个方面，能够帮助品牌主或博主及时掌握直播情况。图 10-4 所示为直播监控。

4．小红书运营

千瓜数据平台在小红书运营方面主要有三大功能，具体如下：

● 热门内容搜索。主要包括热门笔记搜索和热门话题搜索，通过设置多重筛选条件，帮助博主快速掌握小红书平台中的热门内容，掌握流行趋势及舆情焦点变化，打造更多爆款内容。

● 热搜词排行榜。通过热搜词排行榜，博主可以了解到不同类别当日、本周、本月的热搜词排行情况。

● 数据实时监控。主要包括即时监控、预约监控和批量监控，如图 10-5 所示。博主还可以根据需要设置监控时长。

图 10-4　直播监控

图 10-5　数据实时监控

5. 品牌投放分析

千瓜数据平台在品牌投放方面，可以帮助品牌主或博主检索分析品牌及生成品牌投放报告，快速、全面地了解投放的多重数据，及时评估并跟进投放的策略。

6. 商品投放分析

商品投放分析主要包括两个方面，分别是商品搜索分析和商品类目榜。其中，商品类目榜包括内容、声量等双重数据查询，可以帮助品牌主或博主快速了解爆款种草周期等信息。

7. 关键词数据导出

在千瓜数据平台中，博主可以导出关键词数据，也可以进行关键词定制检索。关键词数据导出可以进行跨平台多维度投放报告定制，满足博主的多重数据分析需求。

10.1.2 新红数据平台

新红数据平台也是一个专业的小红书数据平台，能够全面洞察小红书生态，为博主、品牌主提供大量的日更博主、笔记、品牌等数据，确保平台中数据的真实性和精确度。下面便从四个方面来了解一下新红数据平台。

1. 搜索

不管是博主、品牌，还是笔记、话题，新红都可以进行搜索。以白象为例，输入"白象"便可以搜索出与白象相关的 52 个账号、237 条相关笔记、317 条相关热搜词、73 条相关话题、1 个官方品牌及 100 条相关趋势查询结果，如图 10-6 所示。

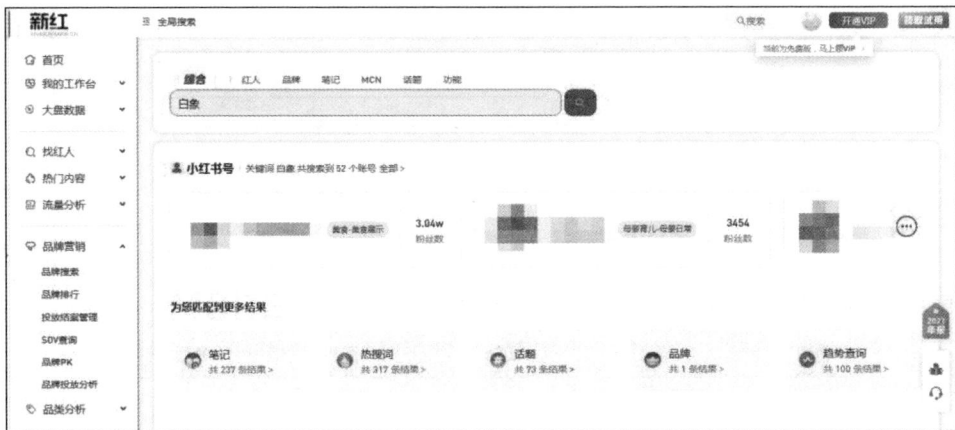

图 10-6 "白象"搜索结果

2. 品牌结案管理

为了更好地助力品牌主投放和博主运营，新红数据平台还推出了场景化的品牌营销分析工具。在进行品牌投放之前，品牌主或博主可以使用品牌投放分析功能；在进行品牌投放之后，可以一键生成品牌结案报告，全面助力品牌主或博主进行品牌投放，洞察营销策略。图 10-7 所示为投放结案报告的样例（部分）。

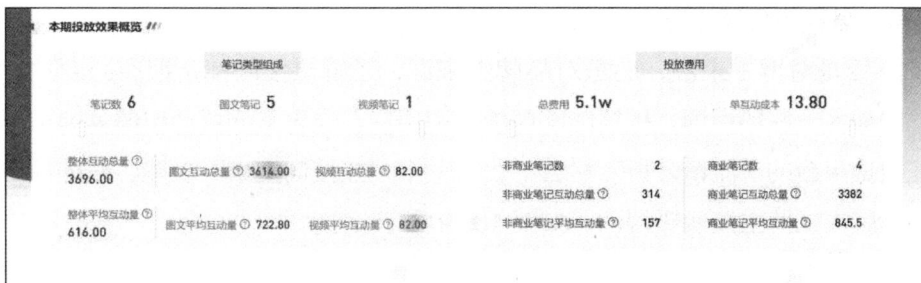

图 10-7　投放结案报告的样例（部分）

该报告中包括本期投放效果概览、数据变化趋势、投放达人表现分析、投放笔记表现分析、投放受众分析、投放跟进人分析、评论数据分析、互动量最高笔记 TOP10、投放费用最高达人 TOP10 等信息。

图 10-8 所示为投放分析报告样例（部分）。该报告中包括数据概览、投放策略、投放效果、热门投放达人、热门投放笔记五个方面的内容。

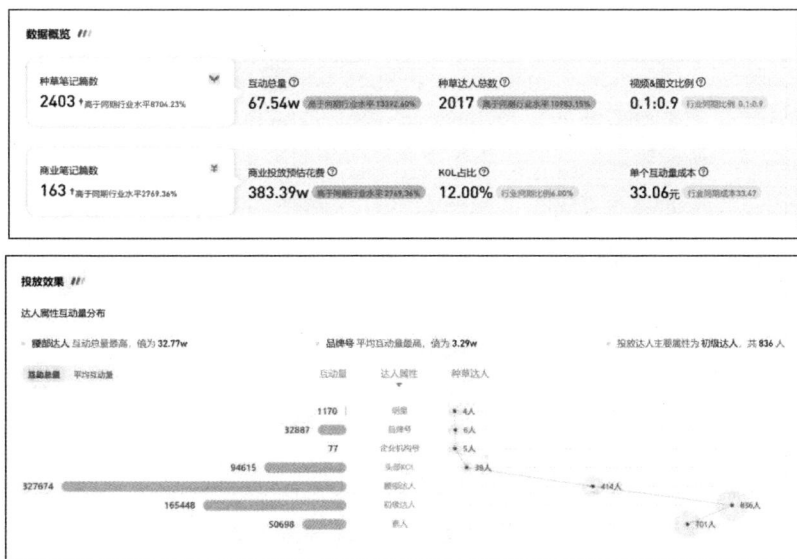

图 10-8　投放分析报告样例（部分）

3. 爆款热搜词查询

不管是对博主来说，还是对品牌主来说，了解热搜词都是很有必要的，在笔记中加入一些热搜词，往往能够更加吸引用户，也更能够打造出爆款笔记。在新红数据平台的"流量分析"栏目下，有一个"热搜词搜索"功能，便能很好地帮助品牌主或博主搜索热搜词，如图 10-9 所示。

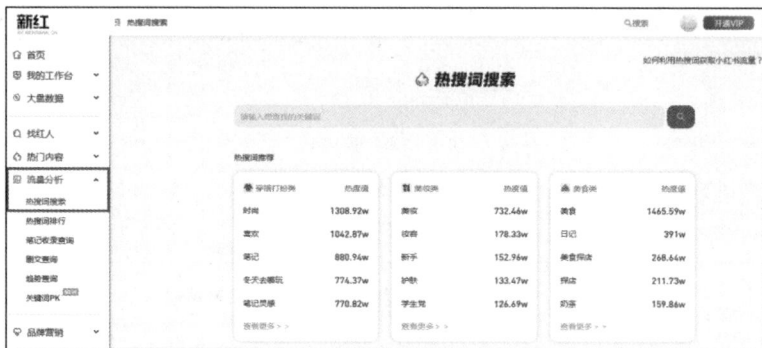

图 10-9　"热搜词搜索"功能页面

以汉服为例，在"热搜词搜索"主页中输入"汉服"，便能够了解汉服近一周、近一个月、近一季度的热度趋势等情况，如图 10-10 所示。单击"查看详情"按钮，还可以查看该热搜词的相关笔记、相关热搜词、相关品牌、互动画像等情况，如图 10-11 所示。

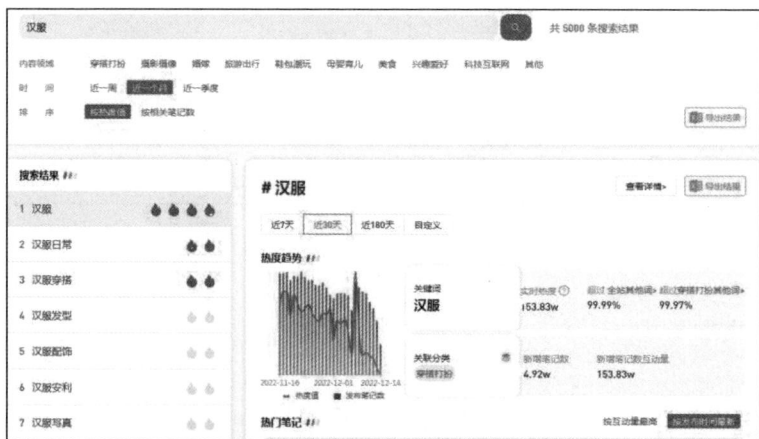

图 10-10　"汉服"热搜词情况页面

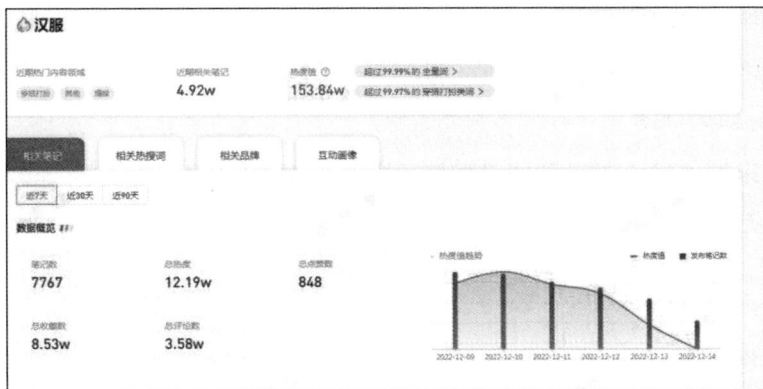

图 10-11　热搜词的查看详情页面

4. 其他功能

新红数据平台除了以上三大功能，还包括海量榜单、AI 智能、趋势查询等功能。下面便来看一下这三种功能。

（1）海量榜单

在新红数据平台中有多种榜单。在博主方面，主要包括七种榜单，如图 10-12 所示。海量的榜单能够帮助博主快速掌握优质账号情况和爆款素材，进而助力博主的笔记创作。

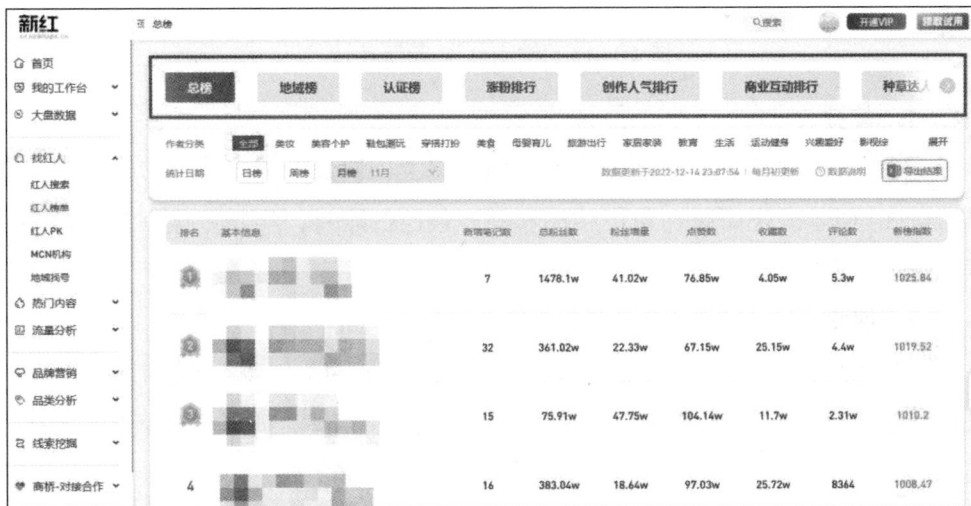

图 10-12　博主榜单页面

（2）AI 智能

新红数据平台通过 AI 智能能够帮助博主了解用户的性别分布、地域特征、兴趣标签等，助力品牌主或博主精准投放。另外，新红数据平台还可以智能分析正、负面评论，了解用户的反馈，助力产品运营。

（3）趋势查询

新红数据平台还可以利用关键词，查询相关笔记的传播趋势、热度情况等，帮助博主更好地优化关键词搜索。

10.1.3　蝉小红数据平台

蝉小红也是一款很好用的小红书数据工具，其栏目主要包括首页、博主、笔记、品牌、品类、热搜词和工具，其中工具还包括博主工具、内容工具、品牌工具三类，如图 10-13 所示。下面便来看一下蝉小红的首页和搜索情况。

图 10-13　蝉小红工具栏目情况

1. 首页

在蝉小红首页中，可以快速查找相关博主、笔记、品牌、品类和素材，如图 10-14 所示。还可以在首页中添加需要监控的账号，品牌主或博主监控的账号也能展示的首页上。

2. 搜索

在"博主"栏目中，主要包括三个方面，分别是博主库、榜单和博主工具，如图 10-15 所示。在"笔记""品牌""品类"栏目下，同样也包括库、榜单、工具三个方面。

单击"博主库"按钮，便可按照自己的喜好筛选博主，如图 10-16 所示。同时博主还可以按照分类查询热门话题，如图 10-17 所示。

图 10-14　蝉小红首页

图 10-15　"博主"栏目

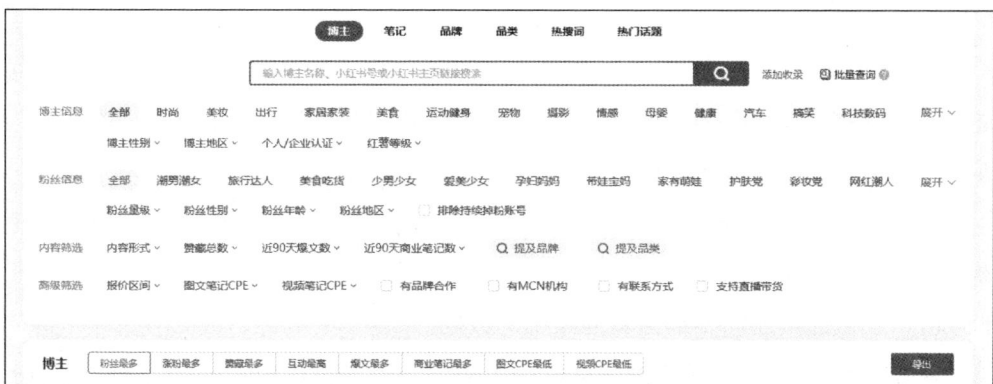

图 10-16　按照喜好筛选博主

图 10-17　按照分类查询热门话题

10.2　分析账号数据

小红书的账号数据能反映出账号的运营状态，对账号数据进行分析可以帮助博主掌控小红书账号运营的整体策略和方向。同样，对小红书优质达人的账号进行数据分析，可以帮助博主找到两者之间的差距，从而指导博主改变运营方向并及时调整运营策略。

成功的运营离不开数据理论支持，只有采用科学的数据分析，才能保证小红书的运营更加专业化。本节将指导大家对账号数据进行分析，帮助博主对账号的建设和定位有更明确的认识。

10.2.1　基础数据分析

在小红书的账号主页中可以查看账号的基础数据，如图 10-18 所示。图中是一个小红书电商的账号主页，其中包括"获赞""关注""粉丝""作品"等数据。

需要注意的是，虽然通过账号主页可以快速查看账号的部分数据，但是该界面中呈现的数据相对来说是比较有限的。因此，博主如果需要对账号进行全面的分析，那么通常还需要结合其他渠道的数据。

图 10-19 所示是在蝉小红数据平台上查询到的博主页面。博主可以看到"粉丝数""昨日涨粉""赞藏总数""平均互动量""爆文数""商业笔记数""图文 / 视频 CPE（Customer Premise Equipment，客户前置设备）"等基础数据。

图 10-18　某小红书电商的账号主页

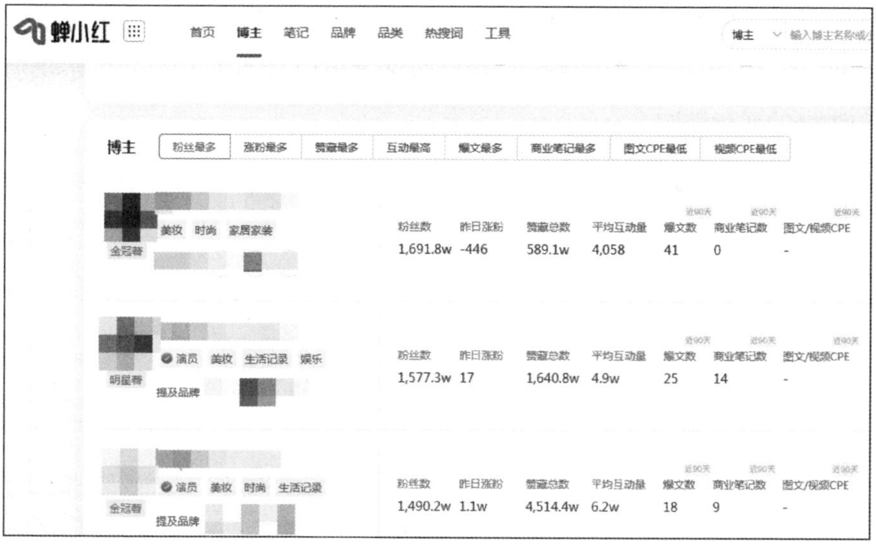

图 10-19　账号数据概览

博主想要进一步了解账号数据，可以单击账号的名称按钮，进入"账号详情"页面。该页面中包括"基础分析""笔记分析""粉丝分析""品牌分析""推广分析""直播带货"六个方面的数据分析内容，根据这些数据分析内容，博主可以对账号的运营情况有一个直观的了解，如图 10-20 所示。

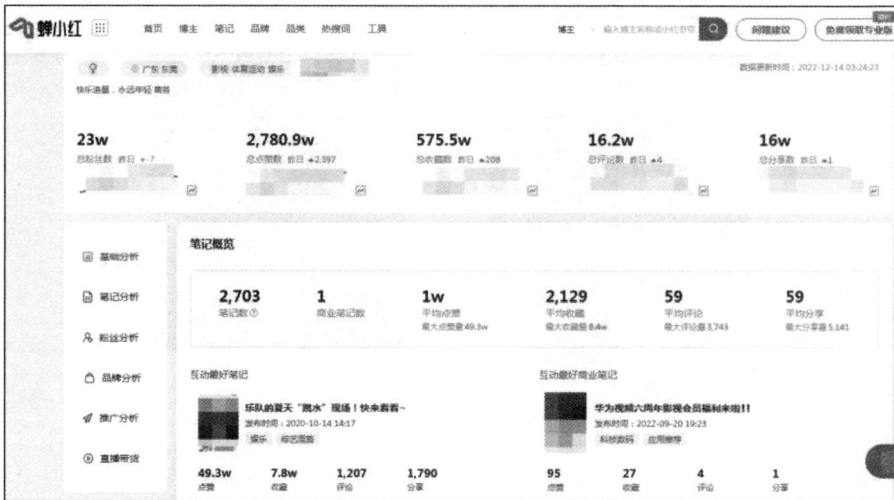

图 10-20　账号详情数据

10.2.2　粉丝趋势分析

博主单击"粉丝分析"按钮，进入"粉丝分析"页面，便可以查看"粉丝趋势"图，如图 10-21 所示。可以看到，在趋势图中可以查看近一周到近一年的粉丝总量和增量的变化情况。

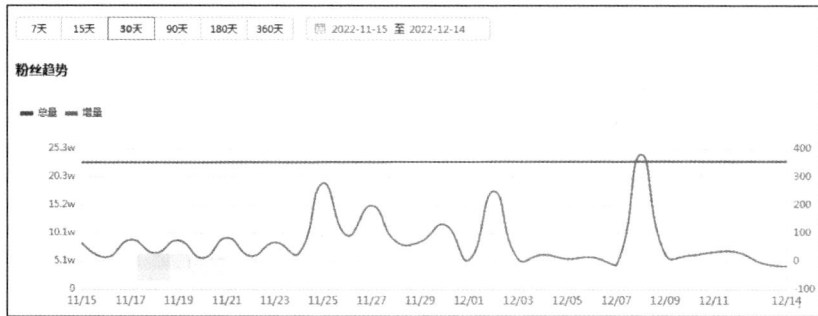

图 10-21　"粉丝趋势"图

从图 10-21 中的数据可以看出，在 2022 年 11 月 15 日到 2022 年 12 月 14 日，该账号的粉丝总量一直未变，说明在这段时间内，账号的粉丝变化幅度不是很大，最高的一天达到 380 人。这是一项需要注意的数据，当账号的粉丝突然大量增加或者减少时，博主都需要找到其中的原因，将做得好的部分延续，对不足的部分进行改进，保持账号整体的稳定运营。

10.2.3 互动数据分析

点赞和评论数量能体现短视频和直播的互动指数，也就是活跃度，对排名有提升作用。当笔记和直播的排名变高时，就能吸引更多的粉丝。因此，在小红书平台中，点赞量和评论量是影响视频作品和直播能否上热门的核心指标，在内容创作过程中，就要围绕这些核心指标去创作。

在蝉小红数据平台的"笔记分析"页面中还可以查看近一个月的互动数据，其中包括笔记的点赞数、收藏数、评论数和分享数的趋势图，如图 10-22 所示。从图 10-22 中可以看到，在近 30 天内，点赞总量一直保持平稳上升的趋势，而点赞增量在短时间内有巨大的波动。因此，博主需要根据详细数据进行进一步分析。

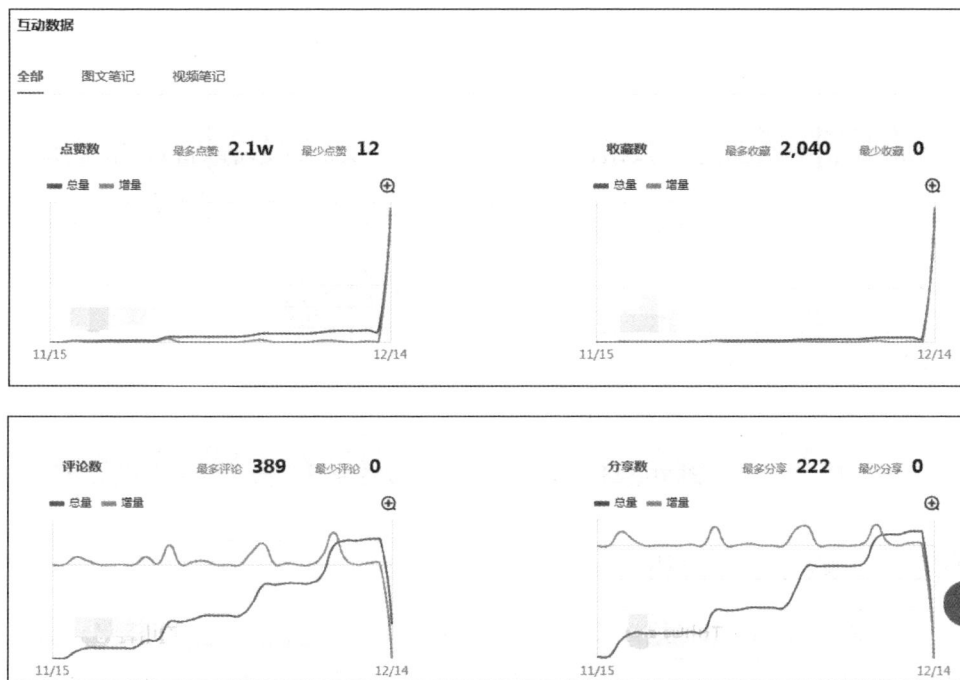

图 10-22　笔记的点赞数、收藏数、评论数和分享数的趋势图

单击"增量"右侧的 ⊕ 按钮，可以查看带有详细数据的趋势图，如图 10-23 所示。在"点赞趋势"图中，可以看到从 2022 年 11 月 15 日到 2022 年 12 月 14 日，点赞总量在一天内发生剧烈的波动，从 2 492.6 万增加到 2 780.5 万，博主就要找到数据剧烈波动的原因，然后做出改变和调整。

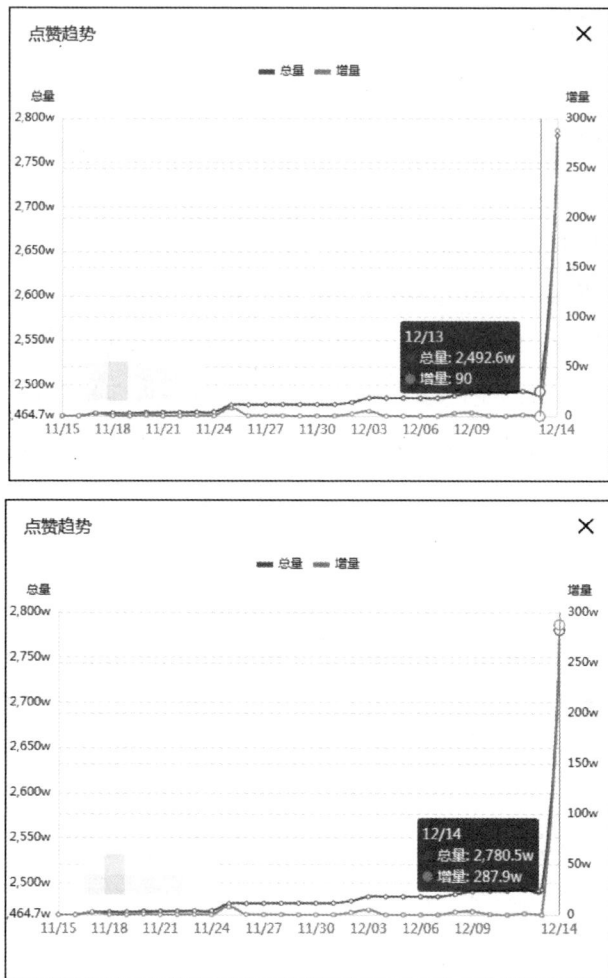

图 10-23　带有详细数据的趋势图

10.2.4　账号推广分析

在"账号详情"页面中，还有一个"推广分析"功能，包括两部分内容，分别是博主投放报价和博主粉丝最喜欢的笔记类型。通过了解这两个方面的内容，博主在进行账号推广时，可以清楚地知道同类博主报价方面的情况，这样自己在报价时便不会出现过多或过少的情况。图 10-24 所示为博主投放报价的情况。

图 10-25 所示为博主粉丝最喜欢的笔记类型。可以看出，其中还包括二级分类，博主还可以按照时间去查看。

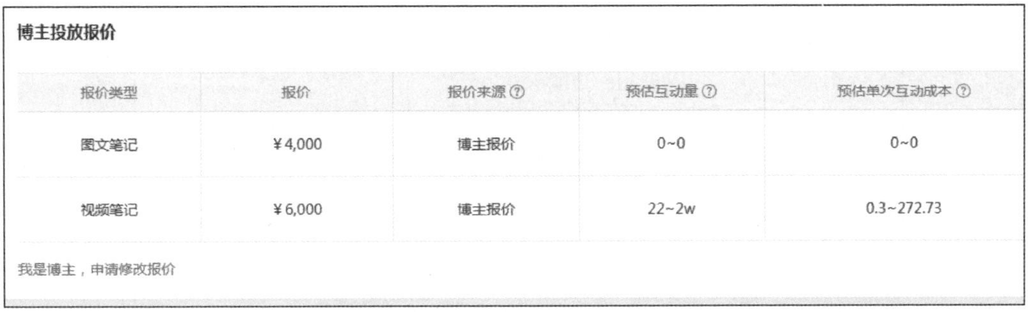

图 10-24　博主投放报价的情况

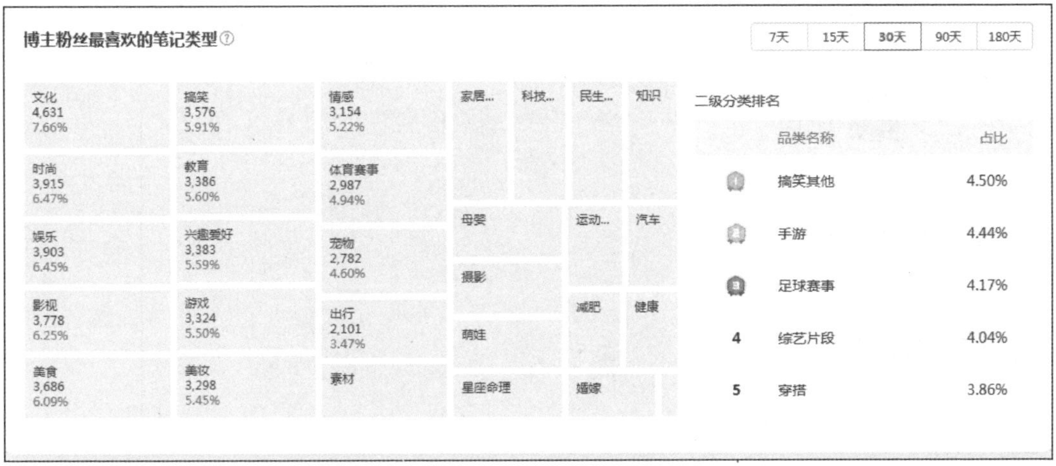

图 10-25　博主粉丝最喜欢的笔记类型

10.2.5　品牌数据分析

在"账号详情"页面中，还有一个"品牌分析"功能，如图 10-26 所示。其中包括某个时间段内博主合作的品牌情况，包括"品牌数""平均互动量""平均点赞""平均收藏""平均评论""平均分享"六个方面。图 10-26 中显示的便是近 90 天内博主合作的品牌的具体情况。

而下面这部分便属于品牌的具体情况，包括"品牌""笔记数""总互动量""总点赞量""总收藏""总评论""总分享""查看详情"八个方面。选择"查看详情"选项，便可以看到该品牌笔记的具体情况，如图 10-27 所示。

图 10-26 "品牌分析"功能

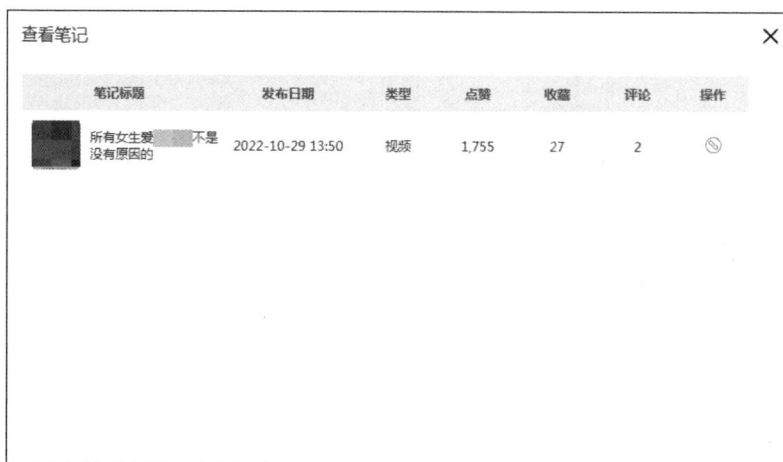

图 10-27 该品牌笔记的具体情况